ETFで始める、かんたんゆる投資

ぱる出版

はじめに

おはようさん。

早起きは得意ですが、標準語は苦手なコンビニ店員兼ETF投資家の前畑うしろです。おかげさまでETFシリーズ第3弾**「ETFで始める かんたんゆる投資」**を発売することができました。おおきに。

このシリーズすべてに共通する大きなポイントは3つ**「日経平均株価」「2つのETF」そして「騰落レシオ」**です。

投資に興味のない人でも、1度くらいは聞いたことのある日経平均株価。その日経平均株価を予測して2つのETFを売買するだけ。売買のタイミングは騰落レシオが教えてくれます。

つまり、たったこれだけの情報とアイテムでコツコツと利益を上げるスタイルが、早起きと同じくらい私が得意としているETF投資です。

毎日仕事や家事で忙しい人や、これから投資を始めたいけれど何をすればいいのかわからない人、今現在、投資でいい結果を出すことができない人にはピッタリな投資です。

お恥ずかしい話ですが、私は個別銘柄の株式投資で失敗しました。

このまま続けるか、それとも、投資の世界から退場するのか迷いに迷った結果、たどり着いたのが**リスクの低いETF投資**です。多少時間はかかりましたが、株式投資で失敗した分は取り戻すことはできました。

詳しい売買方法は本文でわかりやすく解説しておりますが、一言で説明するなら、日経平均の株価が安値と判断すれば一方のETFを買い、高値と判断すればもう一方のETFを買い、利益が出た時に売ればいいだけです。つまり、**小学生でもすぐにマスターできる超かんたんな投資**ということです。

投資は最初が肝心です。

いきなりつまずくと投資に対する警戒心や恐怖心が生まれ、興味を持てなくなった人は、これまでの長い歴史の中で数えきれないくらいたくさんいるはずです。また、過去の私のように、知識のない状態で始めると必ず失敗します。

そうならないためにも、まずはETF投資を学んでいただき、コツコツと利益を出す大切さを体験してください。

「自分だけ儲かればそれでいい」という考えの人も多いですが、本書では「みんなが負けない投資」を目指しているので私の知識やテクニックはできる限りお伝えしています。

ほな、私と一緒にETFで**「ゆる投資」**始めましょうか。

『ＥＴＦで始める、かんたんゆる投資』目次

第2章
まずは少額投資から

第3章 投資の基本を知っておこう

第4章 資産を守るための〝うしろの気づき〟

第5章 超簡単! 実践・応用編

第6章
過去のデータで年間計画

第7章 私のＥＴＦ投資マル秘テクニック

第1章
ゆる投資始めませんか

なぜ、いま投資なのか？

とにかくリスクを回避しよう！

日本人の気質でしょうか？多くの人は昔から資産運用に保守的と言われています。

お金との付き合い方は人それぞれですが、投資をしない理由として主にあげられるのは、

- **お金は使わずに銀行に預けるか手元に残す。**
- **投資に回す余裕資金がない。**
- **投資や金融の知識がない。**
- **ギャンブルのようで損するリスクがある。**

などが一般的に多いようです。

その一方で、現在、投資が注目されているのはなぜでしょう？

その背景としては、**物価の高騰（＝インフレ）**が大きく関わっています。

長年、デフレが続いていた日本も、いよいよ本格的なインフレの時代へと突入、世界ではすでに急速なインフレが進んでおり、今後も長期に渡って高い水準で推移すると予

想されています。

また、言うまでもないですが、あなたの**日常生活においても、モノの値段が高騰しているの**は実感されているはずです。

私もよく利用するスーパーでは、今まで120円だったホウレンソウが180円に値上がりしており、価格は変えずに内容量を減らす「ステルス値上げ商品」もたくさんあります。さらに、衣料品や美容関係など、生活には欠かせない商品やサービスの値段も上がっています。

さらにそれ以外にも、実際に買い物をしたわけでもないのに消費されているモノがあるのはご存知でしょうか？

それはあなたが**銀行に預けているお金**です。

これは、銀行の預金金利よりも実際の物価の方が上昇したことによって起こる現象で、モノの値段（＝物価）の変化は、実際、目には見えないモノまで消費されてしまうため、**預金や手元の現金は「目減り」**してしまうのです。

では、たとえを用いて説明させていただくとしましょう。

あなたが今から銀行の定期預金に100万円預けたとします。金利が年1%とすれば（実際こんな高金利はない）1年後には101万円です（税金は除く）。

それに対し、100万円だったモノの値段はインフレで5%（これも仮ですが）、1年かけて値上がりしたとしましょう。

この場合、100万円で買えたはずの商品が1年後には105万円、定期預金の利息1万円を差し引いたとしても4万円の不足、つまり、たった1年後には買えなくなってしまうのです。

もしこれが、定期預金ではなく今までのように、ほぼ無利息の普通預金やタンス預金だとすれば、4万円の不足どころではありません。

さらに、自動車や不動産を購入する目的で貯めていた多額の定期預金だとすれば…。

そう考えると、かなり大きな損失になるのはおわかりいただけるでしょう。

もはや、物価の上昇率よりも預貯金の金利のほうが低いと、実質的には**目減りする時代**となってしまいました。なので、これから貯蓄を増やす人はもちろん、将来の貯蓄が十分にあるという人でも、資産を守るために投資は有効な手段のひとつと言えます。

ここまで、なぜ今投資が注目されているのか、その理由はおわかりいただけたでしょうか？

しかし、投資で大きく損をすれば元も子もありません。

投資をしない理由にもあるように**「資金がない」「知識がない」「リスクがある」**という人がいるのは当然です。

ですが、そんな心配は無用です。なぜなら、これから私が紹介するＥＴＦ投資を実践すれば、すべての不安が解決できると言っても過言ではないからです。

私のＥＴＦ投資は、少額投資を基本としながら、たった2つの銘柄を売買するだけ、本書を最後まで読まれると、リスクが低いことも理解していただけるでしょう。気ぜわしい投資や人まかせの投資でもなく、自分でゆっくりと取り組み、利益をを積み上げる投資なので、**3か月も経験すれば、あなたの投資に対する不安も和らいでいるはず**です。

今後も物価の上昇は続くと予想され、増税や年金受給問題など、知らず知らずのうちに資産が目減りするリスクは数々潜んでいます。

そんな時代なので、これからはインフレ対策をはじめ、資産やお金に対するリスクを少しでも回避していく準備が大切です。

そのためにも、大切な資産を少しずつ「ゆる投資」で増やしませんか？

あなたが興味のある投資は何？
株式？ ＦＸ？ それとも自動売買？

投資にはたくさんの種類があります。

一般的によく知られているのは、トヨタ自動車などの有名な企業の株を売買する株式投資です。また、人気のＦＸ（外国為替証拠金取引）やビットコインで有名な暗号資産（仮想通貨）、不動産も投資の対象とされています。しかし、金融商品を購入した以上、**どんな投資も元本を割る可能性はあります**。

一方で、政府が推奨している税制優遇制度のｉＤｅＣｏ（個人型確定拠出年金）は、加入可能年齢が２０２２年５月より60歳から65歳に変更となり、２０２４年以降はＮＩＳＡ制度も新しくなるので、特に初心者はこちらも気になるでしょう。ですが、これらはあくまでも**長期投資が前提なので、本書のETF投資には不向き**とだけ先にお伝えしておきます。

そういったことからも、投資には消極的で元本割れを恐れ、有益な国の制度も利用せず、いまだに銀行の**元本保証型の定期預金や普通預金に大切なお金を預けている**人がほとんどではないでしょうか。

メガバンクといわれる銀行の定期預金に100万円を1年預けたとしても、0・002%、そこから**税金を引かれて手元には15円ポッチの利息**、コンビニでチロルチョコ1個も買えません。ネット銀行の上位でも、せいぜい0・2%～0・3%の利息、1年預けても税引き前で2000円～3000円、通天閣で有名な新世界にある「二度付け禁止」の串カツ屋を楽しむことはできますが、1回きりで終わる程度の利息です。

本書で紹介するETF投資も、前述した金融商品と同様、元本を割る可能性はありますがリスクの低い投資です。一方、FXや暗号資産のように大儲けは期待できませんが、新世界の串カツ屋に1回通うぐらいの金額なら朝飯前、さらに、私が推奨するルールとテクニックを参考に売買すれば、**1年後に100万円が最低でも105万円**に増やせる自信はあります。

トヨタ自動車やSONYの株などを買い、配当や株主優待品をもらうことだけを目的とした1年以上保有する長期投資ではなく、FXや暗号資産のように短期売買を繰り返し、多額の利益と損失を発生させる投機売買でもない**コツコツのんびり投資**なので私はとても気に入っています。

また、最近の「ほったらかし投資」ではAIなどの自動売買も人気があるようですが、私は自分で考えて利益を出す楽しさを知っているので興味はなく、面白いとも思っていません。

それに、自動売買システムを開発した会社はビジネスモデル特許を取得して自社の利益を見込んでいるのでしょうが、実際に使う側、投資の知識がまったくない人には確実に利益が出る「打ち出の小槌」のようなシステムと勘違いしている人も多くいるはずです。

投資関連のCMでは最後に「元本割れするおそれがあります」とか「投資は自己責任のもと行ってください」などの注意事項が一瞬だけ流れます。多かれ少なかれどんな投資でも、リスクはあるということなのでご注意ください。

それでもまだ、どの投資をするのか迷っているのであれば、買い物で貯まったポイントで投資体験ができる「ポイント運用」や、ポイントで実際の金融商品を購入できる「ポイント投資」から始めるのもおすすめです。

私の前作**「スマホさくさくポイント投資、少額投資」**にて、リスクの低い投資を気軽に学んでいただき、そのあとは本書で少額ＥＴＦ投資を始められてもいいのではないでしょうか。

ＥＴＦとは
これからも増え続ける人気商品

そもそも「ＥＴＦ」なんて、わけのわからない3文字を聞いたことのない人はたくさんいらっしゃるのではないでしょうか。

「ＥＴＦ」とはExchange Traded Fundの略で、日本語では**「上場投資信託」**といいます。株式市場において個別銘柄と同様にリアルタイムで売買できるのが特徴で、日経平均株価やＴＯＰＩＸなどの株価指数に連動したものや、金や銀、原油などの商品価格に連動したＥＴＦもあり、**年々増え続けている人気の金融商品**です。

知っている人も多いと思いますが**「投資信託」**とは、多くの投資家から集めたお金をひとつの大きな資金としてまとめ、ファンドマネージャーといわれる運用の専門家が株式や債券などに投資・運用する金融商品です。

運用して得た成果を投資家に分配する仕組みとなっており、上手くいけば利益を得ることができますが、上手くいかなければ投資した額を下回るリスクがあります。

そして、**投資信託はリアルタイムで売買できないのがＥＴＦとの大きな違い**です。私は投資信託のことは詳しくありませんが、自分の資産を優秀なファンドマネージャーとはいえ、他人にまかせる投資はしたくないので、投資信託には興味がありませんし、これからも積極的に始める予定はありません。

その点、私が専門としているＥＴＦの2銘柄は日経平均のことだけを考えておけばいいのでとてもシンプルです。そして、私が声を大にして言いたいのは「**自分で考える投資**」をすることができるのです。自分で考えながら投資をすれば必ず実力はつきます。

投資信託の場合は他人まかせの投資、**ＥＴＦ投資は自分次第でプロになることも可能**で

一般的な投資信託と本書のETF

	投資信託	本書のETF
元本保証	なし	なし
投資対象	複数	日経平均(225社)
商品の種類	多い	2銘柄
最初の投資額	少額	少額
運用方法	専門家まかせ	自分で考える
保有期間	長期	短期
リアルタイムに売買	できない	できる
保有コスト	高い(ETFより)	安い

す。そう考えれば夢がありますよね?

一般的に**投資信託は長期投資が望ましい**と言われており、10年後に元本が割れるようなことはないとは思うのですが、もしも、10年後に少ししか増えていなかったら「私は10年間、何してたんやろう?」と他人まかせの投資をしていたことを後悔するかも知れません。

そして何よりも、投資信託は数が多すぎて、選ぶだけでも時間がかかります。実際、私も楽天ポイントと併用して投資信託を購入しましたが、結局あれこれ悩んだ末、おすすめから選んだくらいです。

一方、私の専門としているETFは1~3か月での売買を基本としているので、1年以上の長期間保有する銘柄ではなく、売買する銘柄も2種類だけ、実力さえつければ、10年後には資産が10倍になる夢が持てます。

これから投資を始めようと考えている人や初心者はもちろん、以前の私のように、個別銘柄で失敗した人も、このＥＴＦで投資の雰囲気を味わってから、他の金融商品を始めても遅くはありません。

まずは本書を参考に投資の基本を習得してください。

もちろん、投資信託かＥＴＦを選ぶのかはあなたの自由ですが、今現在、迷っているのであれば、両方とも少額でできるので試しにやってみてもいいかと思います。

とはいえ、あまり好きな言葉ではないのですが「**投資は自己責任**」です。投資信託かＥＴＦ、あなたに合っているのはどちらでしょう?

ＥＴＦ投資を始める前に

証券会社の口座を作ろう

株式投資を始めるまでの私は、銀行の普通預金口座さえ持っていれば、すぐにでも株式の売買ができると勘違いしていました。それくらい、投資の知識がなかった私が、こうしてＥＴＦ投資の本を３冊も出版できたことに自分自身、一番驚いています。

今では、数千万円、数億円稼いでいる有名な投資家たちも、以前の私ほど無知ではなかったとは思いますが、**最初は皆、初心者と同じ道を歩んできた**はずです。そんな私や大金を稼いでいる投資家も、投資で収入を得るために証券会社の口座を作るところからスタートしています。

証券会社の口座開設は、ここで私が説明するよりも、各証券会社が親切丁寧にＷＥＢサイトで案内されているので割愛しますが、どの証券会社の口座を作るのかは、あなたご自身で調べて選びましょう。

とはいえ「教えてくれてもええがな」という声も聞こえてきそうなので、ざっくりと簡単に説明させていただきますと、**パソコンやスマホから「証券会社口座開設」で検索**して各証券会社の案内に従えばいいだけ。マイナンバーカードや運転免許証を用意しておけばスムーズに手続きが完了します。ほんと、これだけでいいのです。

一般的には「ＳＢＩ証券」「楽天証券」「松井証券」「マネックス証券」「ａｕカブコム

証券」などが人気のようです。（順不同）

ちなみに私は、この中では「楽天証券」の口座を持っており、買い物で貯まった楽天ポイントも利用できるので、**ポイント投資**も実践しています。そして、それ以外にも3社の口座を持っています。（同じ証券会社内では同一名義での複数口座開設はできない）。

また、口座開設には費用や管理費などは一切かからないので、今すぐに投資を始めなくても、とりあえず作っておけばいいと思います。そして、口座が開設されると、いつでも投資ができるように**最初は5万円～10万円くらい入金して準備**をしておけばいいのではないでしょうか。銀行の普通預金口座に眠っている、利益を生まないお金があるなら尚更です。

もうすでに証券会社の口座をお持ちの人は、早速、少額でETF投資を始めてはいかがでしょう。

日経平均連動型のETF

ゆる投資にピッタリ

「今日の日経平均株価は昨日よりも95円30銭高い、2万8105円96銭でした」と、平日のニュースでは昼夜問わず流れています。

この日経平均株価とは、日本経済新聞社が東京証券取引所プライム市場に上場する銘柄から選定した、225銘柄の株価をもとに算出する日本の株式市場の代表的な株価指数です。**日経平均や日経225**とも呼ばれます。

そんな、株式投資をしたことのない人でも馴染みのある株価を予想しながら、たった**2つの銘柄を売買するだけのシンプルな投資法**が、私の得意としている日経平均連動型のETFです。

ではさっそく、2つのETFを紹介しましょう。

ひとつは、日経平均の株価が上がれば同じように上がる銘柄、**NEXTFUNDS日経レバレッジ、通称日経レバ（コード1570）「以下、ETF1570」**。

もうひとつは、日経平均が上がれば下がり、下がれば上がるといった反対の動きをするヘンテコな銘柄、**NEXFUNDS日経平均ダブルインバース、通称ダブルインバース（コード1357）「以下、ETF1357」**です。

ETF1570は、指数の変動率が日経平均株価の前日比変動率（％）の2倍となるように計算された、日経平均レバレッジ・インデックスに連動を目指す商品です。つまり、日経平均が前日よりも1％上下すれば、ETF1570の株価はその2倍の2％上下します。一方、ETF1357は、日経平均が前日よりも1％上下すれば、その2倍の2％逆（インバース）に株価は上下します。

したがって、**日経平均が上がると思えば、のんびりコツコツとETF1570を買い、下がると思えば、同じようにのんびりコツコツとETF1357を買えばいいだけ**です。

そして、あなたが予想していたように日経平均が動けば数回に分けて売り、利益を確定させればいいのです。もちろん、予想に反する動きをすることも多々あるので、その対策は後ほど詳しく解説しております。

つまり、日経平均連動型のETFにはいくつかの種類がありますが、この2銘柄のみで運用すればいいということです。

個別銘柄を売買していた頃の私は、コンビニの仕事を終えたあと、一目散に帰宅、手洗い・うがいもせずにパソコンの電源を入れては株価をチェックしていました。そして、激しい値動きがあれば、コメツキバッタやハムスターのように、せかせかと売買を繰り返すこともしばしば。

しかし、このＥＴＦ投資を始めてからは、のんびりと自転車で自宅に向かい、近所にある公園の鉄棒にぶら下がってから帰る生活を何年も続けています。

そんな投資生活を続けていると気持ちにも余裕ができ、損することなく投資を楽しめるようになりました。これぞまさに**「ゆる投資」**、私はこのＥＴＦ投資に出会えて本当によかったと思っています。

ちなみに、日経平均株価と並ぶ日本の代表的な株価指標、**TOPIX（東証株価指数）**は、東京証券取引所プライム市場の全銘柄の時価総額を指数化して株式市場全体の動きを表しており、このＴＯＰＩＸに連動したＥＴＦもありますが、私は今のところ日経連動型のＥＴＦ２銘柄だけで売買をしています。

デメリットとメリットは知っておこう

うまい話には裏がある

確実に儲かる投資なんてこの世に存在しません。高齢者や未成年ならまだしも、立派な大人が投資詐欺に遭い、今でもこの手の話は後を絶たないのが私には不思議でなりません。

しかし、投資詐欺を企んでいる者は人を騙すプロ、騙される人を見抜く「間違った能力」に長けています。電話や郵便、ＳＮＳであなたに近づき、興味を示せば執拗に連絡をとってきます。そんな詐欺師に騙されないためにも、投資の知識はしっかりと学んでおかなければいけません。

もちろん、私が専門としている**ＥＴＦ投資も大儲けや確実に儲かる投資ではない**ので、くれぐれも甘い言葉には注意しましょう。

また、相場の上下で当初購入した金額よりも下回る元本割れの可能性があります。さらに、運用会社の野村アセットマネジメント株式会社は、それぞれのＥＴＦに関する注意点として、「一般に、日経平均株価の値動きが上昇・下降を繰り返した場合に、マイナスの方向に差（ずれ）が生じる可能性が高くなります。また、一般に、期間が長くなれば長くなるほど、その差（ずれ）が大きくなる傾向があります。」と**中長期の投資には不向きな商品**と説明しています。これがデメリットです。

一方、元本が保証されている金融商品の代表は銀行の預貯金です。一見、メリットのように思えますが、銀行の定期預金に大切な資産を預けても、わずかな利息がもらえるだけ。そんな**低金利の銀行預金では将来の夢も希望もない**ことに気づいた人は、もうすでに投資を始めており、若年層を中心に、投資家人口は年々増え続けています。

そしてメリット。

大切な資産を減らすデメリットがある一方、株式投資では、会社が倒産すれば株式は無価値、つまり「紙くず」になります。しかし、日経平均は厳選された225銘柄なので、この225銘柄全社が倒産しない限り、日経平均が消滅することはありません。つまり、**「日経平均連動型のＥＴＦは紙くずになる可能性がゼロ」**ということです。

その他にも「景気が悪化している時でも利益を出すチャンスがある」「企業の決算書などを読むのが苦手という人でも始めやすい」「情報収集に時間をとられない」などのメリットもありますが、最大のメリットは**「ＥＴＦ投資のプロになれる」**可能性があることです。本書でのプロとは負けない投資を続けられる人。投資で勝てない人は80％〜90％とも言われていますが、実際は、もっとたくさんいるのではないかと思っています。

自分で考えて投資をすれば必ず実力はつきます。それなら、今のあいだに投資力を養い、**５年連続、10年連続勝ち続けるプロになっている**と想像すればワクワクしませんか？

将来の不安を抱えたまま人生を過ごすなんて楽しくありませんよね？

今や高校の授業でも金融教育が行われる時代、デメリットとメリットを正しく理解しながらＥＴＦ投資を始めればいいのではないでしょうか。

第2章

まずは少額投資から

ETFを買う方法と売る方法

あなたはどっち？ 指値？ それとも成行？

当たり前の話なのですが、商売で利益を上げるためには、市場で販売されている価格よりも安い価格で仕入れ、それよりも高い価格で販売しなければいけません。

たとえば、あなたが近所のスーパーで特売の卵を１パック１００円で買ったあと、駅前の通行人に１５０円で売れば50円の儲けです。株式の売買で利益を上げる方法も同じ、**株価１００円で買った銘柄を１５０円で売れば50円の利益**です。

ただし、個別銘柄の株式を購入する場合は売買単位が決まっており、今は「ミニ株（単元未満株）」などありますが、一般的に最低購入株数は１００株単位です。トヨタ自動車（コード７２０３）では、２０２３年１月４日、１年で最初の取引日となる**大発会**《だいはっかい》の終値《おわりね》は１７９９円でしたので、最低でも17万９９００円は必要ということです（以下、手数料等は除く）。なので、証券会社の口座を作った時に、とりあえずの準備として5万円程しか入金していなかった人は、トヨタ自動車の株式を買いたくても資金が足らないので買えませんでした。

一方、本書で紹介するＥＴＦの2銘柄は、**それぞれ1株単位で売買できるのが特徴**、日経平均の株価が上がれば同じように上がるＥＴＦ１５７０は、１月４日の終値が１２３８５円、よって、４株買うことができました。また、日経平均とは逆の動きをするＥＴＦ１３５７は1月４日の終値が４０２円でしたので、こちらも約5万円分に相当する１２４株買うことができたことになります。

そんな、１株単位で売買できるＥＴＦですが、安く買い、高く売るためには注文方法をしっかりとマスターしておかなければいけません。

注文方法は大きく分けて２つ**「指値《さしね》注文」と「成行《なりゆき》注文」**です。

指値注文は売買したい**株価を指定して注文する方法**で、たとえば今日の終値が１００円の銘柄を、翌日以降に95円で買いたければ、**「95円の指値買い注文」**、もうすでにこの銘柄を保有しており、１０５円で売りたければ「１０５円の指値売り注文」です。

この指値注文は、95円で売りたい人や１０５円で買いたい人がいなければ**「約定《やくじょう》」**

と言われる売買は成立しないので注意しましょう。

成行注文は、**何が何でも約定させたい時に使う方法**です。前述の終値が100円の銘柄を翌日にどうしても買いたい時は**「成行買い注文」**、すでに保有している場合、翌日に必ず売りたければ**「成行売り注文」**をしておけば、株式市場が朝9時に始まる前場（ぜんば）の**「寄《よ》り付《つ》き」**で**株価に関係なく**売りたい人や買いたい人がいれば必ず約定します。

ただし、この成行注文が怖いのは、高値で買い、安値で売ってしまう危険もあるので注意は必要、リアルタイムで相場を見ることができない人にはおすすめしません。

ちなみに、株式市場が開かれる時間帯は、午前9時から午前11時30分を前場、午後12時30分から午後3時までを**後場《ごば》**と言います。また、午前11時30分の取引が終了することを**前引《ぜんび》け**、午後3時の終了を**大引《おおび》け**と言います。

相場用語は読み方も難しく、私も約定を「やくてい」と言っていました。別に間違っていても投資に支障はきたしませんが、よく見聞きする言葉があれば、初心者は少しずつ覚えていけばいいでしょう。

元手５万円と10万円で稼ぐ

初心者は５万円で「ゆる投資」を体験

私が専門としている２つのＥＴＦの大きな**特徴は１株単位での購入が可能**だということは先ほど説明しました。

しかし、株式を売買する際には手数料がかかり、売って利益が出れば、その利益に対して約20％の税金が引かれます。なので、１株単位で売買ができるという理由で、頻繁に売買を繰り返せば手数料ばかり取られて、利益を上げることはできません。

したがって、**最低でも１回の売買につき５万円くらいは必要になるでしょう**。１株１万２０００円のＥＴＦ１５７０は４株、１株４００円のＥＴＦ１３５７では１２５株ということです。

そこで、日経平均と同じ動きをするＥＴＦ１５７０を私が記録しているデータを基に元手５万円で２０２２年10月３日から２０２３年１月27日までの約４か月間に安値で買い、高値で売った場合を調べたところ、たった４回の売買で１万８５８０円の利益を上

元手5万円ずつで2つのETFを売買した時の利益

	2022/8/17	2022/10/3	2022/11/24	2023/1/4	合計
ETF1357	買	売	買	売	
安値	332		331		
高値		419		404	
株数	150	150	151	151	
利益		13,050		11,023	24,073

	202210/3	2022/11/24	2023/1/4	2023/1/26	合計
ETF1570	買	売	買	売	
安値	12,380		12,335		
高値		15,220		14,140	
株数	4	4	4	4	
利益		11,360		7,220	18,580

げることができていました。利益率にすると約37%です。

さらに、元手を10万円とし、今度は日経平均とは逆の動きをするETF1357を加えて、同じように5万円で4回売買したところ、2万4073円の利益、ETF1570の利益と合わせて4万2653円、当初10万円の元手が、約6か月後には14万2653円に増えています。

年利に換算すると約85%の利益、**大手都市銀行の定期預金1年物の利息0・002%の約4万倍**です。もし元手100万円として単純に計算すると、定期預金の利息ではコンビニでチロルチョコ１個すら買えないのに対し、ＥＴＦ投資では高級時計やブランドバッグが買えるほどの利益を上げることも可能です。

もちろん、このような「安値で買い、高値で売る」なんてことは至難の業、私でもできませんが、これに近い売買をいつも目指しながらコツコツと利益を出しています。

また、本書の最後には、この手法について詳しく解説しているので楽しみにしていてください。

信頼と実績「騰落レシオ」

売買のタイミングはコイツに聞こう

ＥＴＦ（上場投資信託）についてはもうおわかりいただけたかと思いますが、私が得意としている投資は日経平均連動型の２種類のＥＴＦ１３５７とＥＴＦ１５７０です。

この２銘柄だけで売買する超かんたんな投資です。日経平均の株価がこの先、上がると思えば「同じように上がるＥＴＦ１５７０」を買い、日経平均の株価が下がると思えば、「逆の動きをするＥＴＦ１３５７」を買うことで日経平均の上昇と下落どちらでも利益を上げることができるのです。

しかし、いくら2銘柄で日経平均をチェックするだけと言っても、ベストなタイミングを見極めて売買するのはとても難しいことです。

そこで、**ＥＴＦ１３５７とＥＴＦ１５７０の買い時、売り時を見極める方法のひとつとして「騰落レシオ」が重要**となります。

この騰落レシオは市場の株価が高値圏なのか安値圏なのかを判断する時に使われる指標です。値上がり銘柄数を値下がり銘柄数で割って算出し、値上がり銘柄数と値下がり銘柄数が同じであれば騰落レシオは１００％の中立、１２０％を超えると買われすぎ状態、70％を下回ると売られすぎ状態と一般的に見られています。

ですが、**私は１２０％以上で買われすぎ状態、80％以下で売られすぎ状態**として判断し、売買時期を探っています。

また「5日間の値上がり銘柄数の合計÷5日間の値下がり銘柄数の合計」を計算したものを「5日騰落レシオ」、「25日間の値上がり銘柄数の合計÷25日間の値下がり銘柄数の合計」を計算したものを「25日騰落レシオ」と呼び、私のＥＴＦ投資は**25日騰落レシ**

オのみを見て売買の参考にしています。

そして、騰落レシオが120%以上になれば、近い将来、日経平均は下がる可能性が高いので、ETF1570（日経平均と同じ動きをする）を保有していれば売る準備、していなければETF1357（日経平均と反対の動きをする）を買う準備をするのです。反対に売られすぎ状態の80%以下になれば、保有しているETF1357を売る準備、ETF1570は買う準備をすればいいのです。

手前味噌ですが、私はこの騰落レシオのデータだけを見て、年間で利益を出すことができるのでとても信頼しています。ただし、**「投資に絶対はない」**ので、過去のデータや他の指標と照らし合わせながら、さらにリスクの低いETF投資を目指し、日々研究を重ねています。

なので、初心者やこれまで投資で利益を上げられなかった人も、騰落レシオだけに頼るのは危険とだけ先にお伝えしておきます。

しかし、安心してください。騰落レシオをメインに簡単な売買方法も、このあとにいくつか紹介させていただきます。まだ序盤、ここは焦らずにのんびりといきましょう。

「うしろ式計算」で株価予測

これで安心「指値注文」

私の著書や毎週土曜に配信している有料WEBマガジンの読者さんには、すっかりお馴染みとなりました、私のオリジナル**「うしろ式計算」**。これは、当日の日経平均株価を前日または株式市場が始まる午前9時までに計算して、ETFを売買する際に有効活用できる計算方法です。

これからETF投資を始められる人はもちろん、すでにこの2種類のETFを売買されている経験者にも役立つ便利なアイテムです。

まずは、この「うしろ式計算」の計算方法と表をご覧ください。

「うしろ式計算」では、翌営業日の日経平均株価を予測すると、ETFそれぞれの株価が算出できるので、指値注文には最適、簡単で安心な計算方法です。

A列は日付、B列は騰落レシオ。C、E、H列は「日経平均、ETF1357、

うしろ式計算

$$\left(\text{予測した翌営業日の日経平均} - \text{今日の日経平均}\right) \times \frac{\text{※（G列）}}{\text{※（J列）}} + \frac{\text{（今日のETF1357）}}{\text{（今日のETF1570）}} = \frac{\text{（翌営業日のETF1357）}}{\text{（翌営業日のETF1570）}}$$

※日経平均が300円以上値動きのあった直近の数値を参考

	A	B	C	D	E	F	G	H	I	J
1	日付	騰落レシオ	日経平均	前日比	ETF 1357	前日比	F÷D	ETF 1570	前日比	I÷D
2	2023.1.13	94	26,119	−330	389	10	−0.03	12,750	−345	1.05
3	2023.1.16	89	25,822	−297	398	9	−0.03	12,465	−285	0.96
4	2023.1.17	95	26,138	316	388	−10	−0.03	12,770	305	0.97
5	2023.1.18	97	26,791	653	369	−19	−0.03	13,410	640	0.98
6	2023.1.19	94	26,405	−386	380	11	−0.03	13,025	−385	1.00
7	2023.1.20	96	26,553	148	375	−5	−0.03	13,170	145	0.98
8	2023.1.23	99	26,906	353	365	−10	−0.03	13,530	360	1.02
9	2023.1.24	104	27,299	393	354	−11	−0.03	13,925	395	1.01

この表を参考にオリジナルデータを作ろう

ETF1570の株価」そして、それぞれの右横の列が前日比です。

ここで**最も重要なのがG列とJ列**です。

G列のマイナス0・03はF÷D、つまり**「F列のETF1357前日比÷D列の日経平均前日比」**から算出した数値です。

J列についても、G列と同じように**「I列のETF1570前日比÷D列の日経平均前日比」**から算出した数値となります。

たとえば、2023年1月16日の日経平均終値は2万5822円でした。あなたは、その日の夜に「明日は2万6200円まで上昇する」と予測した場合、17日の日経平均は前日比378円高です。では、これを基に、うしろ式計算での注文例を解説します。

まずは日経平均と反対の動きをするＥＴＦ１３５７を買う場合、計算式に当てはめると、プラス３７８円×Ｇ列（マイナス０・03）で前日比マイナス11・３円と算出されます。すると、17日のＥＴＦ１３５７は16日よりも11円安い３８７円と予測できるので、３８７円で指値買い注文をします。

そして、翌日の17日。ＥＴＦ１３５７の終値は３８８円でしたが、その日の安値は３８６円、前日に３８７円で指値買い注文をしていたＥＴＦ１３５７は約定しました。

一方で、売りも同様です。16日の夜に日経平均が17日に２万６２００円まで上昇すると予想した場合、保有していたＥＴＦ１５７０があれば売る準備をし、うしろ式計算に当てはめて注文します。

日経平均プラス３７８円×Ｊ列（０・96～１・05）で前日比プラス３６２・９円～プラス３９６・９円と算出され、17日のＥＴＦ１５７０は16日よりも３６２円～３９６円高い１万２８２７円～１万２８６１円と予測できたので、ここは欲張らず、１万２８３０円で指値売り注文をします。

そして翌日、ＥＴＦ１５７０の高値は１万２８３５円でしたので約定しました。

このように翌日の日経平均を予測し、指値注文をしておけば、日中に相場を見続ける必要もなく、安心して適正な株価で約定できます。※2023年1月31日時点ではETF1570は5円刻みで売買されます。

ただし、このG列のマイナス0・03やJ列のプラス0・96～1・05は日々の市場の動きによって変化するので、直近のデータを参考に予測しなければいけません。また、日経平均が前日よりも300円以上、株価が上下する際の指値注文には有効ですが、前日比50円程度の上下では計算式に当てはまらないこともあるので、あくまでも指値注文の目安として活用してください。

そのためにも毎日のデータ記録は大切です。この表をパソコンのエクセル等で作成し、あとは本書の最後に表記している私のツイッターやブログから株価や騰落レシオなどのデータを知ることもできるので、そのまま転記して、あなたオリジナルのデータ表を作成されてもいいのではないでしょうか。

過去のデータは宝物

たった5分の記録がビッグになる

私は投資をしていますが、経済のことはさっぱりわからない、ただのコンビニアルバイト店員です。**「GDP（国内総生産）」**はアメリカが1位で、何年か前まで2位だった日本を中国が抜いたと説明できる程度、4位のドイツや5位のイギリスは最近知りました。しかし、GDPを知らなくてもETF投資にはまったく支障がないので、池上彰さんには申し訳ありませんが、これ以上、覚える気はありません。

また、経済ニュースや新聞でもよく取り上げられるのが、毎月第1金曜日に発表される**「米国雇用統計」**です。米国の景気の実態を知る上で最も重要な経済指標のひとつとされており、外国為替、株式、金利などにも影響を与えるため、市場関係者をはじめ世界の投資家が注目します。

そんな雇用統計は日本時間の夜、ちょうど私が寝る準備や眠っている時間に発表されるのですが、睡眠時間を削ってまでパソコンやスマホで確認することはありません。

発表結果が事前の予想と乖離すれば相場が荒れることもありますが、私は夜間取引を行っていないし、相場の結果なんて翌朝にならないとわからないので、アタフタしたところで無意味、**翌朝4時にスッキリと起きるための睡眠の方が大事**です。なので、米国雇用統計が発表される日も普段と変わらない生活をしています。

そして翌朝、NYダウや日経先物の夜間取引を確認して、その日の相場を予測、必要なら売買の注文をすればいいので早起きの成果がここで発揮されます。だから、**アメリカの雇用統計なんて正直どうでもいい**のです。

そんな私がなぜETFでコツコツと利益を上げることができるのかと言えば、2018年から記録しているデータを活用しているからです。投資において最も大事なのは**「過去のデータを参考にして自分で考え、予測すること」**だと思っています。

つまり、毎日5分のデータ記録が今となっては私の宝物となりました。この宝物を活用し、チャートを見ていると株価の予想や予測ができ、ただのコンビニアルバイト店員だった私が、こうしてETF投資の本を3冊も出すことができたと自負しています。

しかし、これから投資を始めようとしているあなたは過去のデータは持っていません。

ですが、安心してください、まだ間に合います。このＥＴＦ投資は日経平均という指数や連動したＥＴＦが無くならない限り、永遠に続く投資なので今からデータを記録すれば将来に渡って活用できます。

もちろん、私のように過去数年のデータがあれば負けにくい投資はできますが、**あなたが毎日「うしろ式計算表」のＡ～Ｊのデータを入力することで１年後、３年後、５年後には宝となります。**

慣れるまでは大変ですが、1日たった5分程度の作業です。この一見地道な作業が将来、お金に困らない生活が待っていると思えばやる気が出ませんか？

ではさっそく、今日からデータ記録を始めましょう。

第3章

投資の基本を知っておこう

ローソク足・チャートって何？

これだけ覚えておけばいい

投資をする上で避けて通れないのがローソク足とチャートです。

以前の私もそうでしたが、投資を始めた当初は、このローソク足とチャートが好きになれず、リビングの片隅にあるワタボコリのように、見て見ぬふりをしていました。

今ではストレスなく見られるようにはなりましたが、特にローソク足はまだ完全に理解していません。本当はもっと勉強しなければいけないのでしょうが、法則通りに株価が動くとも限らないし、頭に色々詰め込み過ぎると判断に迷うので、最低限のことだけ覚えておけばいいと都合よく解釈しています。

しかし、「ゆる投資」とはいえ、基本くらいは覚えていた方が役立つので、私の知っている範囲で簡単な説明だけさせていただきます。

そもそも、ローソク足って何でしょうか？

ローソク足とは1日の取引時間での株価の値動き「**始値**《はじめね》」「**高値**《たかね》」「**安値**《やすね》」「**終値**《おわりね》」を1本のローソクの形で表したものです。

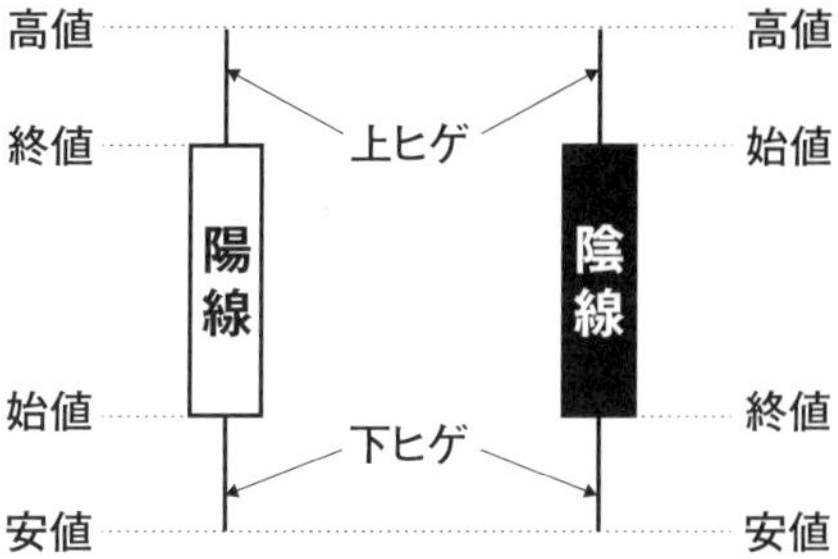

ローソク足には**「日足・週足・月足」**と大きく分けて3種類あり、1日、1週間、1か月の株価の推移を知ることができます。

さらに細かくなると「分足（1分足）・5分足・30分足」などがあります。この「分足（1分足）・5分足・30分足」はデイトレードをする際に参考となりますが、時間や期間に関係なく、株価を表すローソクの形は統一されています。

また、ローソク足には**「陽線・陰線」**のほか、**「ヒゲ」**という名称もあり、将来の株価を予測するために重要な役割を果たします。

「陽線」は強気で株式を売る人（株数）よりも買っている人（株数）が多い状態で、**「陰線」はその反対で弱気**状態です。

「ヒゲ」には**「上ヒゲ・下ヒゲ」**があり、「陽線・陰線」に関わらず上ヒゲが長いと売りの勢いが強く、下ヒゲが長いと買いの勢いが強いことを示唆しています。

そして、もうひとつ重要なのが**「チャート」**です。これは、先ほど説明したローソク足の集合体でできたグラフです。分足（1分足）・5分足・30分足の各チャートは、デイトレードのような超短期投資の参考になるチャートで、**日足チャートは短・中期投資、**週足・月足チャートは、中・長期投資の参考にされる投資家が多いようです。

私の場合は、「ゆっくりコツコツゆる投資」を基本としているので、分足（1分足）・5分足・30分足の各チャートを頻繁に見ることはありませんが、**日足チャートは毎日チェック**、週足・月足チャートは時々見る程度です。

こうしたことからもチャートは将来の株価を予測するためには絶対に必要となるので、少なくとも今のチャートの形が**「上昇トレンド」**なのか**「下降トレンド」**なのかを見極める判断材料として活用しましょう。

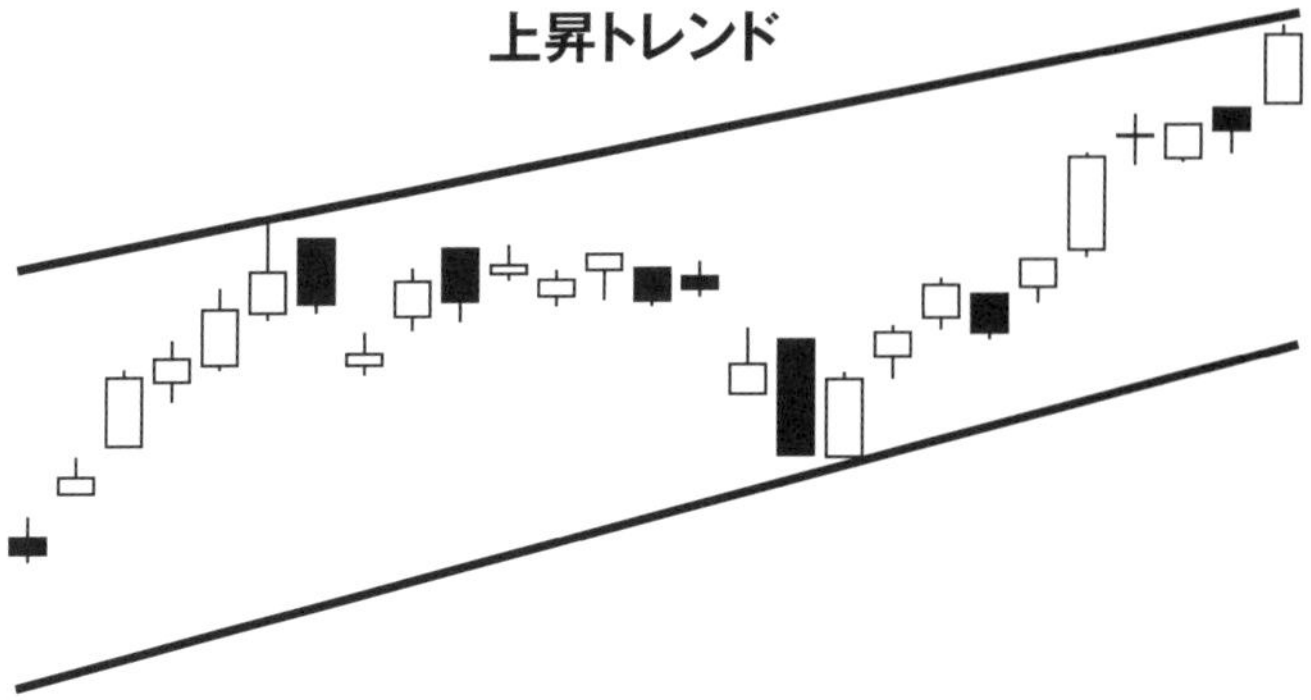
上昇トレンド

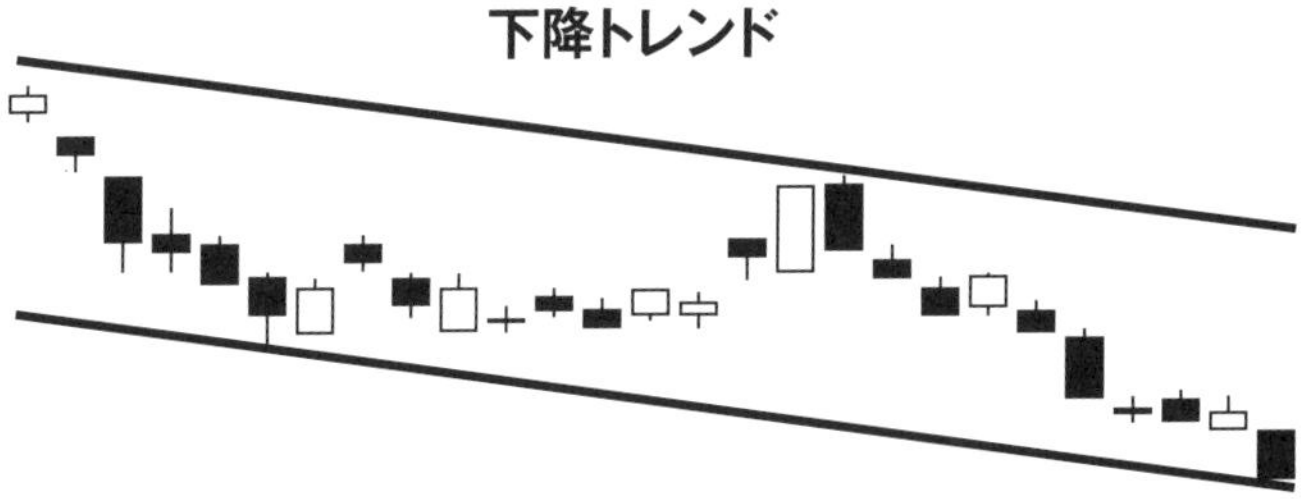
下降トレンド

移動平均線でトレンドチェック

このサインが出た時は

相場の分析方法には**「テクニカル分析」**と**「ファンダメンタル分析」**の2種類あります。

テクニカル分析は株価や通貨など、過去の値動きをチャートで表し、今後の値動きを予測する方法、ファンダメンタル分析は景気動向や金融政策、財政政策等の変化により市場全体に及ぼす影響から、相場の大きな方向性を掴むための分析方法です。個別銘柄を選ぶ際には決算説明書類等を読み、**ＰＥＲ（株価収益率）**や**ＰＢＲ（株価純資産倍率）**を調べるなど、何かと面倒なのがファンダメンタル分析のデメリットです。

よって、本書ではファンダメンタル分析までは不要ですが、景気の動向や金融政策等はＥＴＦ投資にも大いに関わるので、経済ニュースを見たり、信頼性の高いネットの情報に目を通すくらいは、最低限必要だと思っています。

また、テクニカル分析で使われる指標には**「トレンド系」**と**「オシレーター系」の2種類**あり、トレンド系のトレンドは「方向性」、つまり、相場全体の流れを見極めることを目的としたテクニカル分析なので、**相場が上昇トレンドの時に買い、下降トレンドの時に売る「順張り投資向き」**とされています。

オシレーター系のオシレーターは日本語で「振り子」という意味であることから、**相場の流れとは反対の売買をする「逆張り投資向き」**と言われています。

一般的に、個人投資家は**「逆張《ぎゃくば》り」**を好み、外国人投資家は**「順張《じゅんば》り」**を好むとされており、私は逆張りを基本としていますが、状況次第では順張りをすることもあります。

では、ここからが本題、テクニカル分析の**トレンド系で最も使われている移動平均線**について解説します。

移動平均線とは、ローソク足に絡むように描かれており、一定期間における終値の平均値を計算して折れ線グラフで表したもので、現在のトレンド分析や売買タイミングの参考となるトレンド系テクニカル指標です。

また、**移動平均線は日足チャートなら5日線（短期線）や25日線（中期線）**、週足チャートなら13週線（短期線）や26週線（中期線）などが一般的ですが、私の場合は日足チャートをメインに近い将来の株価を予測しながら売買をしています。それでは、日足チャート図を用いてトレンドの見極め方を解説しましょう。

移動平均線の上昇トレンド

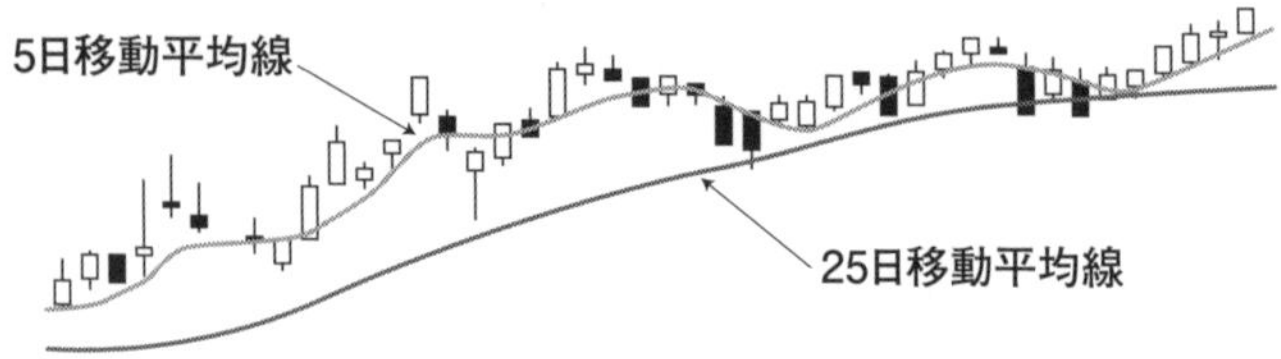

移動平均線の下降トレンド

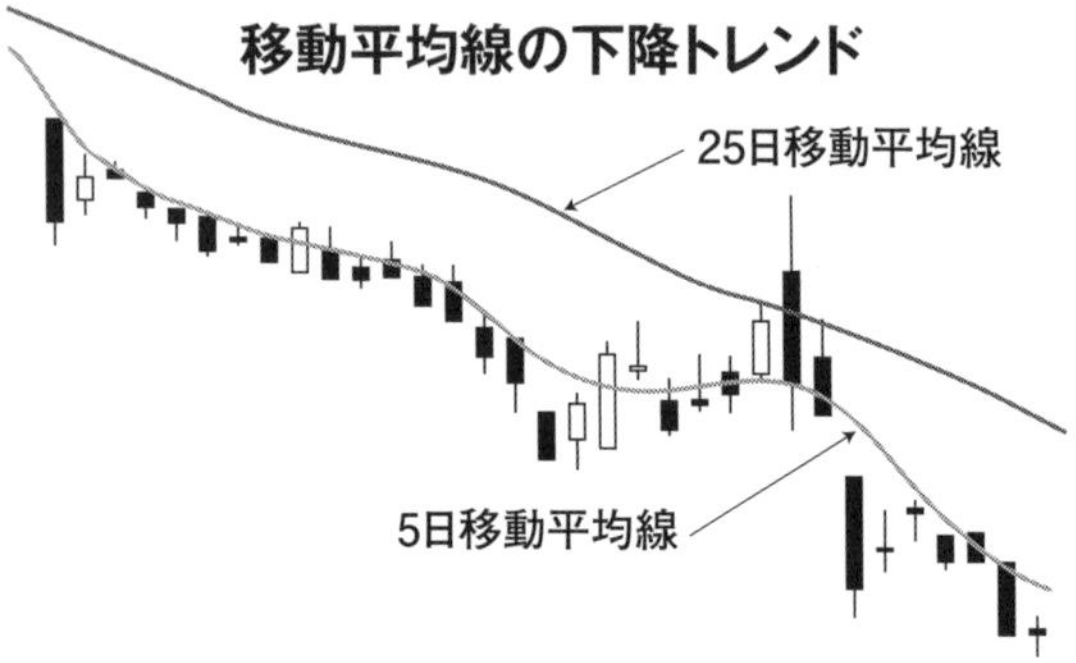

強い相場

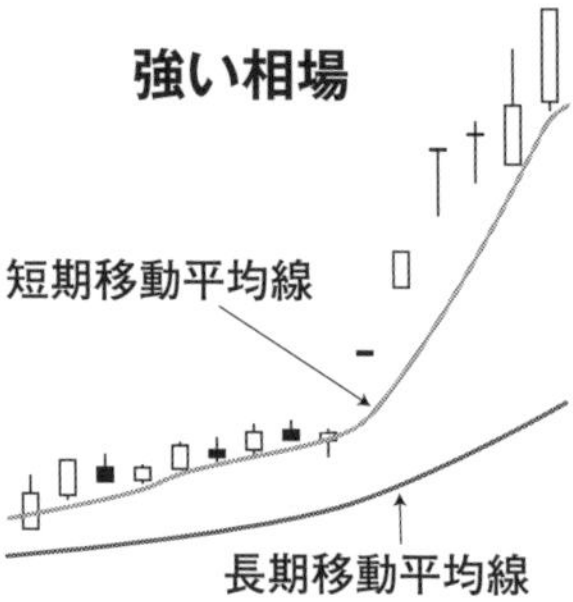

弱い相場

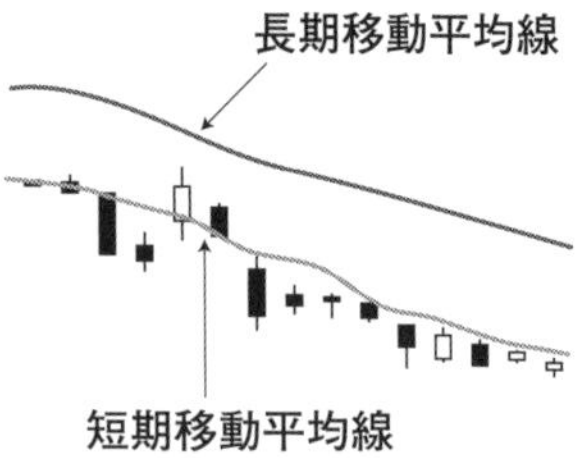

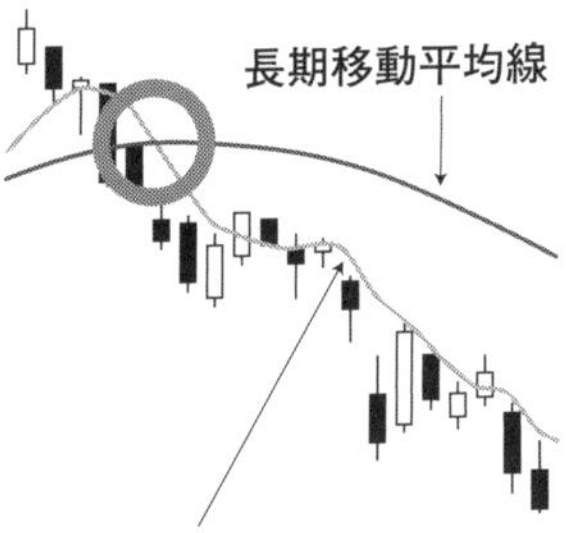

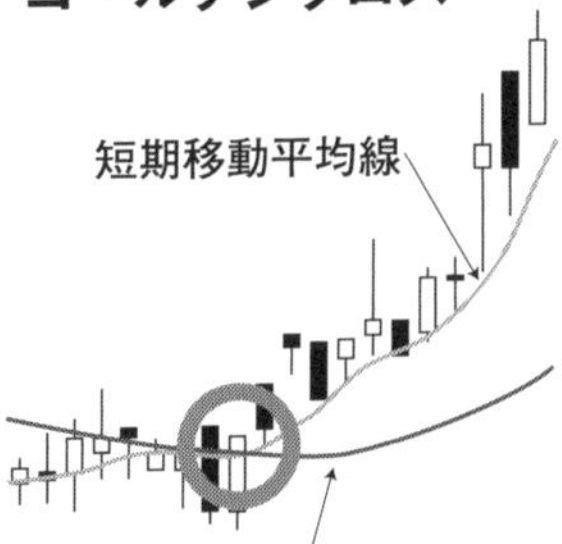

基本的な移動平均線の活用方法として、移動平均線が**上向きなら上昇トレンド、下向きなら下降トレンド**と判断、さらに、**株価が移動平均線の上側に位置すれば強い相場、下側なら弱い相場**と判断します。

また、移動平均線には株価が上昇、下落に転じる2つの重要なサインがあり、5日移動平均線（短期線）が25日移動平均（中期線）に交差した時は、株価が転じるタイミングの参考として活用する投資家は多いです。

25日移動平均線を5日移動平均線が下から上に交差することを「ゴールデンクロス」といい、将来の株価上昇サインとされています。

反対に、**25日移動平均線を5日移動平均線が上**

から下に交差することを「デッドクロス」といい、下落のサインとされていますが、これもあくまで判断材料の1つであり、必ずしも有効ではないので注意が必要です。

このように移動平均線の形を見ながら、日経平均が将来**「上昇するのか」**それとも**「下落するのか」**を予測し、他のテクニカル指標と照らし合わせることで利益を上げやすくなります。

窓開け・窓埋め忘れずに

換気が終われば閉めましょう

窓とは株式用語のひとつで、日足チャートにおける前日のローソク足と当日のローソク足の間に生じる空間です。この空間は前日の安値（例：100円）と当日の高値（例：90円）の間（99〜91円）を指し、**「窓《まど》が開《あ》く」「窓《まど》開《あ》け」**などと表現されます。

反対に開いた窓が閉じることを**「窓《まど》が埋《う》まる」「窓埋《まどう》め」**と言います。この窓は、株価の勢いや流れを示唆する重要なサインなのでチャート上に出現した時は注意しましょ

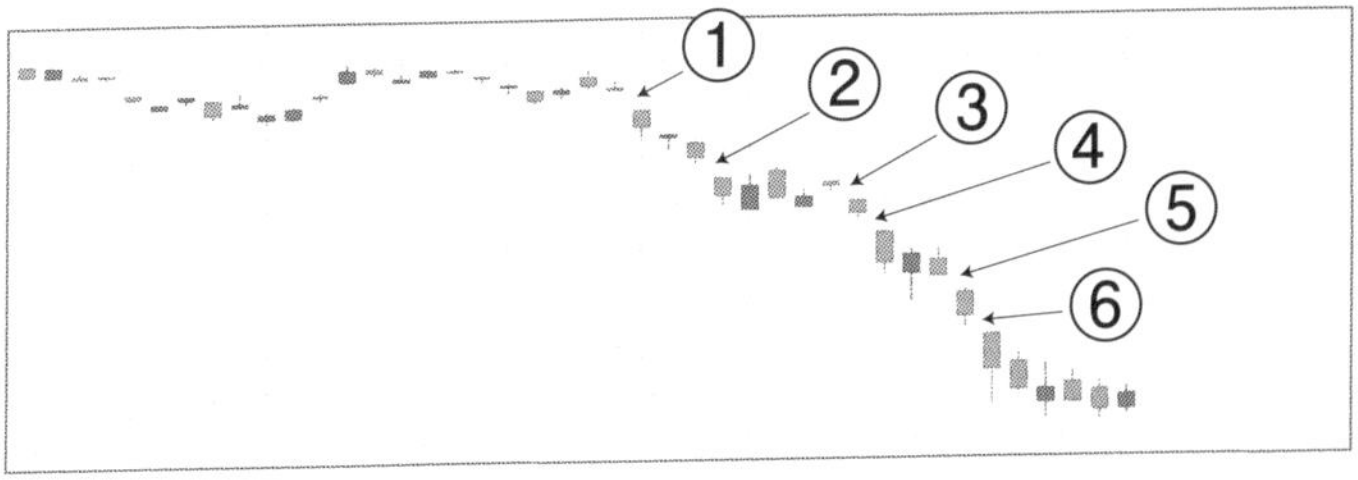

う。

では、わかりやすいように本書の主役、日経平均の日足チャートに出現した窓を図と照らし合わせながら解説します。

このチャートは、コロナショックがまさに始まろうとしていた、２０２０年2月末から発生した窓（図①～⑥）です。

どうです？　所々に窓が開いていますね。

２０２０年2月21日の安値（２３３７８円）と翌営業日２月25日の高値（２２９５０円）との間にできた空間が１番最初の窓です（図①）

その後、新型コロナウィルスが世界中で猛威を振るい感染は拡大、相場もパニック売りで連日のように大暴落が起こり、3月19日の底値まで合計6個の窓を開けました。

しかし、世界各国の中央銀行が実施した金融緩和策により、

株価は急上昇、日経平均も暴落前に戻りました。

なんとまあ、あれだけ開いていた窓が約6か月後には全部埋まったのです。一般的に開いた窓は将来、埋まるように株価は動くと言われており、コロナ相場ではこの理論が当てはまったということです。

このような現象を投資の世界では「窓埋めの法則」と呼びます。もちろん、開いた窓が必ず埋まるとは限らないので法則を鵜呑みにしてはいけませんが、たくさんの窓が開けば、いずれは幾つか埋まると考えてもよさそうです。

また、滅多にみかけませんが、**窓が3つ連続で開く「三《さん》空《くう》」は株価反転のサイン**とされているので、こちらも注意しながら見ておく必要はあります。

半値押し・半値戻しは倍返し

順張り投資でやり返そう

人気ドラマの決め台詞みたいなタイトルですが、**証券用語には「半値押《はんねお》し」「半値戻《はんねもど》し」**という言葉があります。

半値押しとは、上昇相場で上げていた株価が下げに切り替わり、**それまでの上げ幅に対して約半分、株価が下がる**ことを言い、下降相場で下げていた株価が上げに切り替わり、**それまでの下げ幅に対して約半分、株価が上がる**ことを半値戻しと言います。つまり、半値押しは二分の一（0・5倍）下がり、半値戻しは二分の一（0・5倍）上がるということです。

さらに、上げ幅の分だけ値下がりすることを**「全値押《ぜんねお》し」**、下げ幅の分だけ値上がりすることを**「全値戻《ぜんねもど》し」**と言います。

そこで実際に、この「半値押し」と「半値戻し」が発生したケースを日経平均の日足

日経平均の半値押しと半値戻し

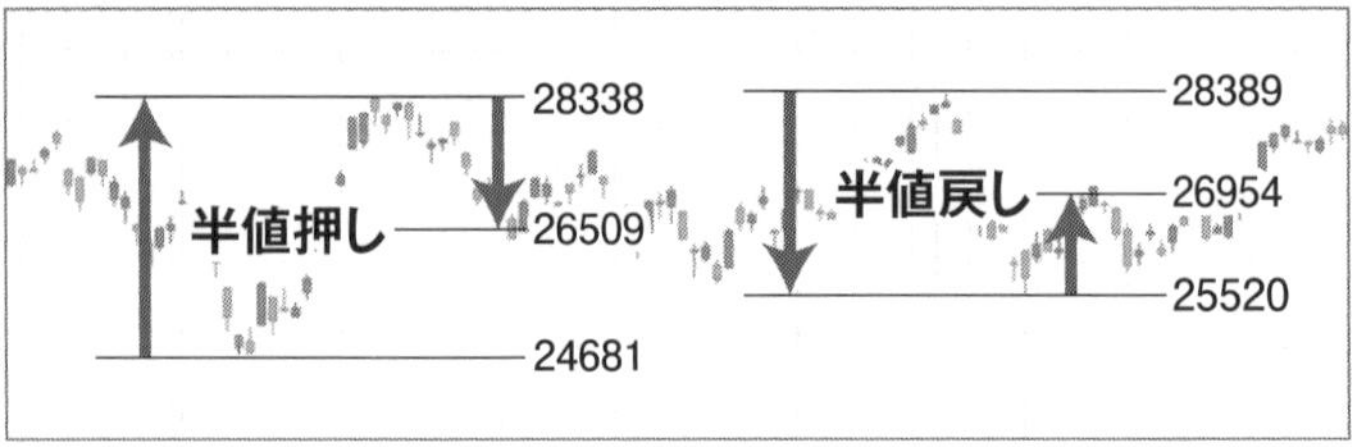

チャートで確認しましょう。

2022年3月9日に日経平均は年初来安値（2万4681円）を付けて、その後に反発、3月25日の高値（2万8338円）まで上昇しました。そして、**この上昇幅（3657円）の半値（1828・5円）、押し（下落）があると予測**すれば、日経平均は2万6509円まで下がることになります。

この結果、4月12日に安値（2万6304円）を付けたことで半値押しが実現、これを予測し、ETF1357を4月に入ってから買った投資家は、満足のいく利益を上げられたでしょう。

また、2022年6月9日の高値（2万8389円）から下落し、6月20日の安値（2万5520円）の**下落幅（2869円）の半値（1434・5円）戻し（上昇）が**

あると予測すれば、日経平均は2万6954円まで上がることになります。

結果、6月28日に高値（2万7062円）を付けたことで半値戻しが実現、6月20日の安値を確認した2、3日後にETF1570を買っていれば少しではありますがここでも利益を上げることはできました。

この半値押し、半値戻しが実現した後に、全値押しや全値戻しが発生することもありますが、少なくともこの日足チャートからは半値押しと半値戻しを確認することはできました。

また、半値押しや半値戻しは日経平均の日足チャートから一定期間中に付けた、**相場の一番低い値段の底値《そこね》**や、一定期間中に付けた、相場の**一番高い値段の天井値《てんじょうね》**を確認してからの売買となるので、相場のトレンドに合わせる「順張り投資」として活用できるでしょう。

3種類の三角保ち合い

二等辺三角形は迷っている？

「底辺×高さ÷2」。これは三角形の面積の求め方ですが、日頃の生活や投資においても不要、この計算式が必要になったことはこれまでの人生で1度もありません。

ただし、チャートの形で**「三角《さんかく》保《も》ち合《あ》い」**は投資をする上では覚えておいた方がいいでしょう。

三角保ち合いとは、チャートの**上値抵抗線と下値支持線**が交差する形状が三角形に見えることからそう呼ばれており、株価が一定の範囲で上昇と下落を繰り返し、**相場の方向性が定まらない「もみ合い時」に発生する傾向があります**。また、変動幅が次第に小さくなり、ある時点で株価が三角保ち合いを上または下に抜けると、抜けた方向に動く性質もあります。

この三角保ち合いには**「均衡の三角保ち合い」「上昇の三角保ち合い」「下降の三角保ち合い」**と形に応じて3種類あります。

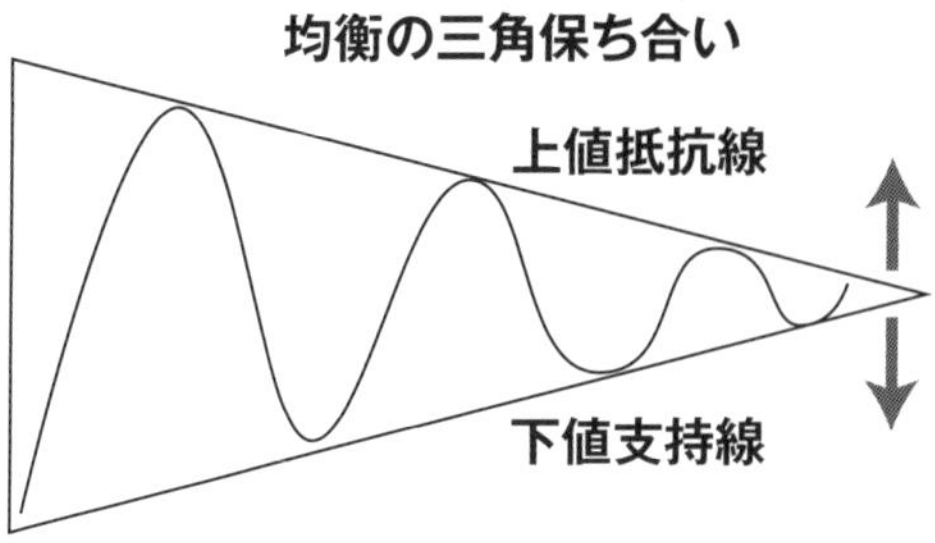
均衡の三角保ち合い
上値抵抗線
下値支持線

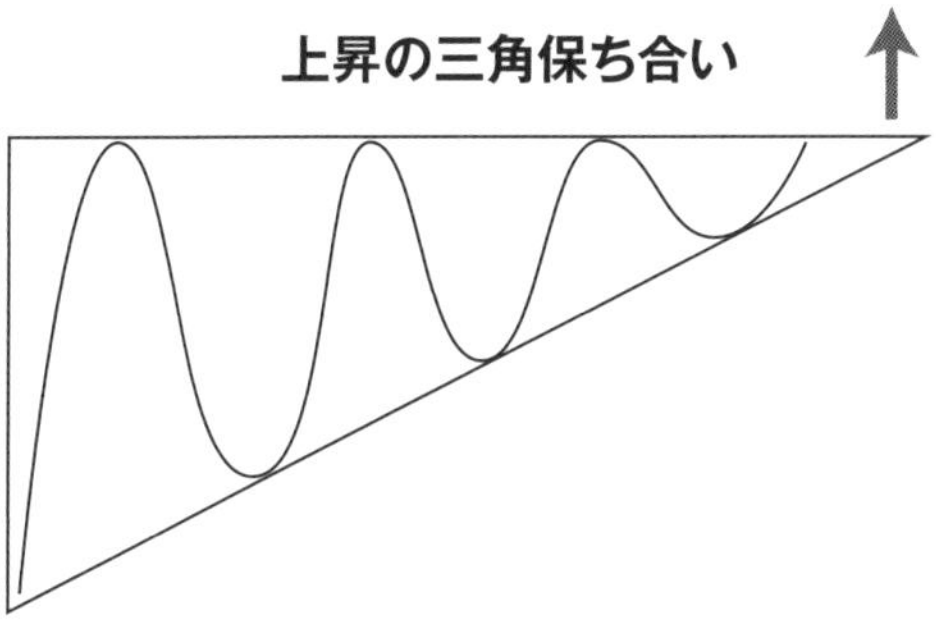
上昇の三角保ち合い

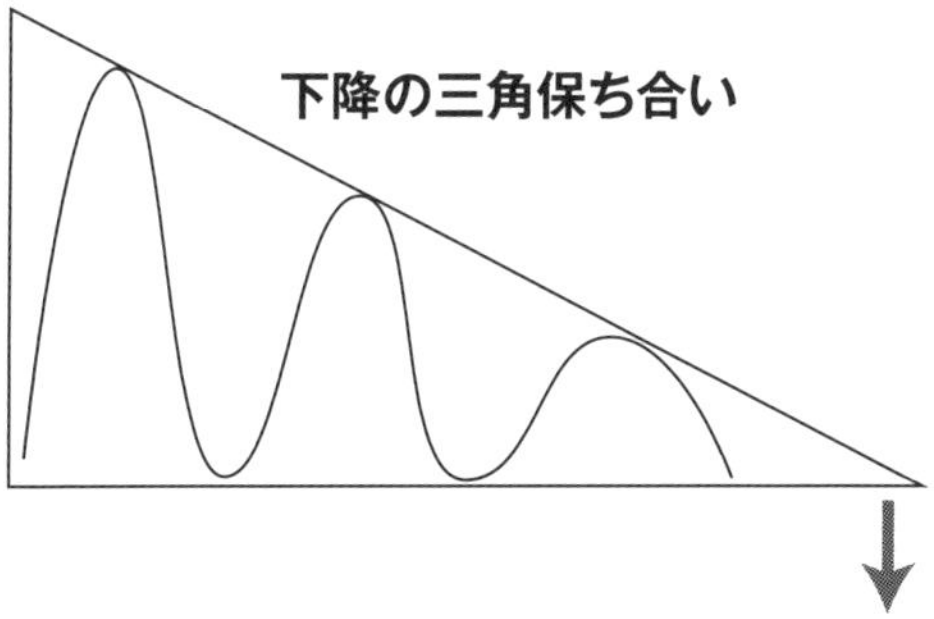
下降の三角保ち合い

「均衡の三角保ち合い」とは、形成された三角形が二等辺三角形で、高値が切り下がり、安値が切り上がって需給が拮抗している三角形。**将来、株価がどちらに向かうのか予想しづらい状態**です。

「上昇の三角保ち合い」とは、形成された三角形の左上が直角に近い状態で、高値を結ぶ線がほぼ水平状態で買い圧力が強まっている、安値切り上げ型の上昇三角形。**将来、上昇に向かう可能性が高い**とされています。

「下降の三角保ち合い」とは、形成された三角形の左下が直角に近い状態で、安値を結ぶ線がほぼ水平状態で売り圧力が強まっている高値切り下げ型の下降三角形。**将来、下降に向かう可能性が高い**とされています。

このように三角保ち合いが作られた時には近い将来、株価に大きな動きがあると警戒しなければいけませんが**「ダマシ」**と言って、上がると見せかけて下げ、下がると見せかけて上げることもあるので注意は必要です。

第４章

資産を守るための〝うしろの気づき〟

負けない投資をするには

守りながらコツコツ増やす

投資で勝てない人は8割~9割とも言われています。個別銘柄の株式投資をしていた頃の私も、この人たちと一緒に仲良く負けていました。

そんな私ですが、日経平均連動型のETFを知り、投資スタイルを変更していなければ、今頃は残りの資産も全部失っていたはず、今では負けない投資ができるようになりました。

そもそも投資で100%負けない方法は「投資をしないこと」です。

「おちょくってるんかい!」と叱られそうですが、**勝てない8割~9割の人は投資さえしなければ資産を減らさずに済む**のです。

これまで銀行の普通預金に利益を生まないお金を預けていた人が、投資を始めた途端、**1年で10倍に増やせると勘違いして失敗、**知識と経験のない初心者が簡単に儲けられるほど甘い世界ではありません。１００万円を10年で1億円に増やすなんて夢のまた夢の話です。

しかし、将来の不安を抱え、このままではいけないと投資に興味を持つのも当たり前、なので、本書を手に取ったあなたに私がアドバイスをするなら**「まずは、投資資金を減らさないことを目標にしよう」**と言うでしょう。

株式投資を始めた当初の私は、元手１００万円で毎月10万円の利益を出すことを目標にしました。そもそも、その考え方が間違っていたのです。毎月10％の利益を出し続けるなんて私でも不可能です。

だから今は、目標金額をあえて設定していません。調子がいい時もあれば、そうでない時もあるからです。すると、不思議なもので気持ちに余裕ができ、コンスタントに稼げるようになってきます。

そうなると、今度は儲けた分を減らさないようにすればいいのですが、つい欲を出してしまうのが投資の恐ろしいところ。なので、私のモットー**「欲張りは最大の敵」**をいつも自分に言い聞かせています。

とどのつまり、あなたには**「1年間のトータルで負けない投資」**を目標にしていただきたいのです。そして、それが達成できれば、翌年は年5〜10%、3年目以降は目標を高くして、年10%〜20%の利益目標を持つことで、コツコツと利益が上げられるようになり、数年後には私以上のパフォーマンスを発揮している可能性も十分にあります。

100万円の元手が90万円になれば、1か月で取り戻そうと躍起になり、無謀な投資をして失敗、80万円、50万円とあっという間にお金が減り**「投資なんてするんじゃなかった」**と後悔している人はたくさんいます。これから投資を始めようと考えているあなたは、まず、大切な資産を**増やすことよりも減らさないこと**を目標にしましょう。

政府は「貯蓄から投資へ」をスローガンに掲げていますが、実際はなかなか浸透しておらず、これまで貯蓄しか知らなかった人たちを株式投資に誘導し、株価の上昇を狙っているとも言われています。

つまり、政府は株価にしか興味がなく、これまで堅実にコツコツと貯めてきた人たちに投資をすすめ、その結果、大切なお金を失っても知らんぷり、損失補填なんてしてくれません。

負けない投資、減らさない投資を続けることがどれだけ大変なのかは、私が身をもって体験しています。少し厳しいことを申しましたが、それだけの覚悟で始めなければ失敗するので、いつも念頭に置いておきましょう。

予想なんて当たらない
外れた後こそが大事

「予言者じゃあるまいし、1年後の株価なんて当たるわけないがな」というのが私の考えです。それなのに、世の中は予想するのがよほど好きなのか、明日の株価、1週間後の株価、1か月後、3か月後、6か月後、1年後、なかには10年後の株価を予想される専門家までいます。

テレビや新聞、昨今では人気動画配信サイトでも、頭の良い人たちや個人投資家が日経平均や個別銘柄の株価を予想しています。しかし、見事なまでに予想を外す人が多いのも事実です。ただ、予想が外れた後は、その原因や理由を詳しく丁寧に解説してくれるのでとても勉強にはなります。

「予想なんて当たらない」と。

なかには、予想が外れたことには一切触れず、別の話題にすり替える人や想定外という便利な言葉を使う人もいます。

だから私は自分で考えながら予想し、ETFの売買をしています。そんな生意気なことを言ってはいますが私も予想はよく外します。

ただし、私の場合、**自分の予想が外れることを前提**に準備をしっかりとしているため、正直、当たろうが外れようが、どっちに転んでもいいのです。むしろ、**大きく外れた方がナンピン買いをして保有株数を増やすことができる**ので歓迎するくらいです。

ナンピン買いとは、保有株の株価が下落した時に、買い増しをして平均取得価額を引き下げる方法です。たとえば、200円で1000株買った銘柄が100円まで下落した場合、1000株買い増しすると平均取得価額は150円になります。

そして将来、この銘柄が200円まで戻れば含み益状態となり、保有している

２０００株全部売れば10万円の利益です。

このような方法もあるので、あなたが将来の株価を予想する時も、外れた時に何をすればいいのかを事前に準備しておくことが大切、仮説と検証を立てるくらい余裕をもって臨みましょう。

自分で考え「投資力」をつける

まずは何でも疑うこと

いつも不思議に思っているのですが、おすすめ銘柄を配信している人たちは何のために有益な情報を無料で教えてくれるのでしょうか？

もし私が確実に儲かる情報を知ったなら、誰にも言わずに虎視眈々と買い集め、上昇した時に売って利益を確定させるだけ、わざわざ時間をかけて**「一緒に儲けましょう」**と言えるほど、お人好しではないので感心させられます。

そんな私ですが、投資歴は15年以上、数々の失敗はしましたが、それなりに経験も積んできました。その結果、わかったのが**「投資の世界は嘘だらけ」**ということです。

つまり、前述したおすすめ銘柄を教えてくれる人たちは、すでにその株式をたくさん持っているので私たちに買わせて、上昇した時に売り抜ける魂胆があるのではないかと疑ってしまいます。

「タダほど怖いものはない」と言われるように、基本、無料情報は信用しません。だから私は「自分で考える投資をしましょう」と言い続けています。なぜなら、**自分で考えながら投資をしなければ騙される**からです。

テレビや新聞などのメディア情報すべてが正しいとも限りません。もちろん、相場に絶対はありませんし、私の投資方法が完璧だとも思っていません。だから、もっとリスクの低い方法はあるはずだと、現状に満足せず、日々研究しています。

私はアイデア次第で負けにくい投資ができると思っています。有名な投資家のみなさんも、それぞれ独自の手法があり、ご自身で失敗を重ねながらアイデアが生まれたはずです。私の場合は「うしろ式計算」、これを考案したことでＥＴＦ投資がスムーズにできるようになりました。

ちなみに、私は投資の判断に迷った時やアイデアを探している時は近隣の大阪城公園を20分程度歩きます。すると、脳が刺激され、解決の糸口やアイデアのヒントが浮かぶこともあります。すべての問題や悩みが解決されるわけではありませんが、机やテーブルに腰かけて頭を抱えるくらいなら、5分から10分程度歩くだけでも少しは気が晴れるのでおすすめです。

アメリカのIT大手企業「グーグル」では、歩きながらのミーティングを取り入れているそうです。ぜひ、あなたも**「迷った時は歩く」**を実践して日頃から考える習慣をつけましょう。

そして、もうひとつ大事なのは**「それホンマかいな?」**

まずは何でも疑うことです。

守るルールと守らないルール

自分で作ろう！投資のルール

「カップラーメンは税抜き100円以下でないと買わない」というのが私のルールです。その理由は、カップラーメンが好きなので、スーパーで買い物をしていると、つい手が伸びてしまうからです。

しかし、今はモノの値段が高騰し、スーパーの特売でも税抜き100円以下を見る機会はほとんどありません。健康のため、おかげさまでと言うべきなのか、カップラーメンは長いこと食べていません。

投資をする際にも、いくつかの基本的なルールがあります。一般的によく言われるのは、**余裕のある資金での「分散投資」や「長期投資」**です。しかし、資産家ならまだしも、余裕資金がある人なんていないのが実情、分散投資や長期投資を検討する気にはなかなかなれません。

また、保有株の株価が10％上がれば売って利益を確定させ、10％下がれば損切《そんき》りで売るのが一般的な売買のルールです。

しかし、**これって本当に正しいのでしょうか？**

私が投資を始めた頃は、このルールをハチ公のように忠実に守っていたのですが、一向に利益を上げることはできず、結局、このルールは守らないことにしました。

なぜなら、個別銘柄はもちろんのこと、私が専門としているETFでも、**高値圏で買った場合、いつまでたっても10％の利益は出ない**からです。

当たり前ですが、高値圏で買ったので株価は上がらずに下がるだけ、10％の下落を待つしかないのです。日経平均の高値圏でETF1570を買い、安値圏でETF1357を買ったあと、暴落・暴騰が続き、10％下落すれば泣く泣く損切り、これを繰り返せば資産は減る一方です。

そこで、そうならないためにも、今現在、日経平均は高値圏なのか安値圏なのかを見極める力が必要です。その**「見極め力」をつけるためにはチャートを軸に、騰落レシオや他の指標を継続して見ることが重要、**徐々に売買のタイミングが掴めるようになってきます。（これはホンマ）

詰まるところ、**売買のルールは本来、自分で作るもの**です。

他人が決めたルールに従い、成功しても面白くありませんよね？

私は何度も失敗しながら自分のルールを確立させました。その代表が**誰にでも簡単にできる少額でのコツコツ投資**です。しかし、このコツコツ投資は言葉では簡単ですが、自分の判断が正しいと勘違いして一気に買ってしまうのが投資の恐ろしいところです。

この他にもいくつか私だけのルールはありますが、コツコツ投資は守っています。（ただし、例外もある第7章）

あなたもコツコツ投資を徹底し、独自のルールを作ることで大切な資産を守りながら、欲張らずに少しずつ増やすことができれば、数年後にはＥＴＦ投資のプロになっているかも知れません。

逆指値でリスクを減らす

迷った時の対処方法

人生において迷いはつきもの。私たちは毎日、迷いながら膨大な判断や決断を下しています。ある研究結果によると、**人は1日に最大3万5000回決断している**とのことです。「服は何を着ようか？」「ランチは何を食べようか？」「冷凍ご飯は電子レンジで2分温めるか？　3分にするか？」「コンビニのレジ袋はいるか？　いらんか？」「老後の資金は2千万円必要か？　それとも3千万円か？」など、日常生活から将来、なかには死後のことまで迷いながら、判断や決断をされている人もいます。

投資においても迷うことだらけ。やはり、売買のタイミングが一番迷います。迷って買った銘柄の株価が順調に上昇すれば売って利益を確定させればいいだけですが、当然、下がることもあり、必ず利益を上げられるとは限りません。

そんな時には**「損《そん》切《き》り」**という手法があります。損切りとは、買った銘柄の株価が下がり、含み損が出た時に売る方法ですが、この損切りは投資家にとって永遠のテーマ、なかなか損切りができず**「塩漬《しおづ》け」**状態で保有し続ける人はたくさんいます。

自分の買った銘柄の株価が下がると思って買う人なんていません。ほとんどの人は買った銘柄の株価が上がることだけを想定して安値で買っているつもりでいるのです。

そこで、売買に迷った時に使う手法が**「逆指値」**です。

第2章では**「指値注文」と「成行注文」**の2種類を解説しましたが、指値注文には「逆指値」という独特の注文方法があり、逆指値は通常の指値注文とは逆の注文をすることからそう呼ばれています。

一般的な指値注文は買いたい株価や売りたい株価を指定して、その指定した株価になれば約定する注文方法に対して、逆指値は**「株価が上昇し、指定した株価以上まで上がれば買う方法」**と**「株価が下落し、指定した株価以下まで下がれば売る方法」**になります。つまり、株価のトレンド（方向性）に合わせるように売買する方法です。

たとえば、90円、95円、100円と推移してきた株価が上昇トレンドになったと判断した場合、将来は150円まで上がると予想すれば、この株価が**105円以上になれば買う逆指値買い注文**、100円で買った株式が95円、90円と下がり、**85円以下まで下が**

れば逆指値売り注文で損切りをします。

個人投資家は相場が下がる局面で株式を買い、上昇局面に売って利益を上げる**「逆張《ぎゃくば》り」**を好み、外国人投資家は相場の流れに合わせるように売買する**「順張《じゅんば》り」**を好みます。

つまり、逆指値は外国人投資家の手法、逆張りを基本としている個人投資家の私は、この逆指値でＥＴＦを売買することはありませんが、まれにトレンドを見極めながら順張り投資をすることはあります。その手法については後ほど、第5章で詳しく解説しているので、もうしばらくお待ちください。

世界同時株安に備える
○○ショックはやって来る

リーマンショックで大切な資産を失った私ですが、それから数年後にＥＴＦと出会っていなければ確実に投資の世界から退場していたでしょう。記憶にも新しい、2020年2月に始まったコロナショックではリーマンショックの教訓を生かし、利益を上げることができました。

そんな「○○ショック」は数年に1回、十数年に1回は必ずやって来ます。しかし、回復期間に差はあるものの、暴落前の株価に戻る傾向はあります。

コロナショック時の日経平均株価

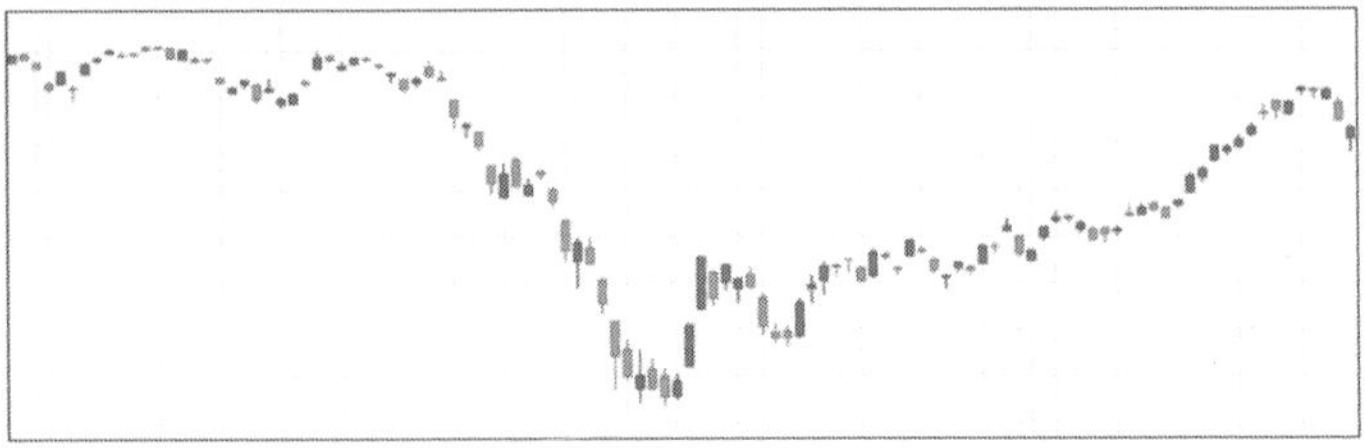

今でも忘れられないのはリーマンショックがあった、当時の財務大臣の発言、あの時「蚊に刺されたようなもの」と、この先、やって来る金融危機を知っていたにもかかわらず、国民を騙していたのか、それとも無知だったのかはわかりませんが、私は翌日に保有している個別銘柄株を全部売る予定でした。

しかし、純粋だった私は、あのコメントを信じ、売らずに持っていたため、数日後の大暴落で含み損は膨れ上がり、泣く泣く損切り。蚊どころではなく、体長5・5㎝のオオスズメバチか、小型ながらも攻撃性と毒性の高いキイロスズメバチの大群に刺されたくらいのダメージを受けました。

それからというもの、経済や相場に関する政治家の発言は信用しなくなりました。（都合のいい発言も信用していませんが）

そして、メディアも不安を煽るような発言を繰り返します。

すると、個人投資家は「えらいこっちゃ」と保有している株式を「損切り」してまでも手放します。この暴落スパイラルで株価は見る見ると下がり続けるのですが、これをチャンスとばかりに買うタイミングを待っている人もいます。

一方、私のようにリーマンショックで資産を失ったにもかかわらず、その教訓を生かせず、コロナショックでも資産を失った人もたくさんいるでしょう。失礼ですが、この人たちは同じ失敗を繰り返し、将来、やって来る○○ショックでもまた資産を失うはずです。（もう退場されているかも）

あなたが投資を続ける以上、この先、必ず世界同時株安はやって来ます。しかし、**「暴落しても株価は戻る」**ということを頭に入れながらコツコツとETF1570を買い続ければ、コロナショックの私のように利益を上げることはできるでしょう。

生活のリズムを見直す

１日の始まりは早起きから

スキップができない私が言うのも何ですが、投資にはリズムがとても大切だと思っています。

平日は朝４時に起床、まず洗面所に行き、鏡に映った自分に向かって叶えたい夢が実現した言葉を呟きます。そして、白湯を飲むのが１日のスタートです。そのあと、**日経平均先物の夜間取引やＮＹダウをチェックし、相場が動くと予想すれば、ＥＴＦの売買注文**をしてからアルバイト先のコンビニへと向かいます。

そして、朝６時から９時までの早朝勤務を終えたあとは、近所の公園にある鉄棒にチンパンジーみたいにぶら下がってから帰宅、少し遅めの朝食を済ませ、相場を眺めながら炊事、洗濯、掃除は時々、近所のスーパーに夕食の買い物に行き、ＷＥＢマガジンの執筆や本職の投資が終われば、夕食の準備と何かと忙しい毎日です。

しかし、１日のリズムが決まっているので翌日の相場に万全の状態で臨むことができています。就寝は10時前後と小学生みたいですが、寝る前には必ず洗面所の鏡に向かって叶えたい夢を呟いてから布団に入っています。（3冊目出版の夢もこれで叶ったと思っています）

ETF投資で、コンスタントに利益を出すことができるのも、この生活リズムを大切にしてきたからだと実感しています。サラリーマン時代は毎日の業務に追われ、残業に飲み会などで投資をしている時間は全くありませんでした。その点、今は早朝だけの時間給（正確には分給）アルバイト、残業もなく投資には向いている環境なので満足しています。

そして、**私は投資も仕事として捉えている**ので、いつも本気で取り組んでいます。そうでないと、コンビニで働いた1か月分の給料を1日で失うこともあるからです。

そんな投資生活をしていると金銭感覚が麻痺するので、私はお金を稼ぐ大切さを忘れないために、最低賃金のアルバイトのひとつでもあるコンビニ店員を続けています。

また、**世の中の「流行」や「トレンド」が手に取るようにわかる流通の最先端、新製品がいち早く棚に並ぶ場所**でもあります。さらに、電子マネー決済など、世の中を先取りしたサービスもいち早く導入するので、社会の変化についていきやすいというのも大きな理由です。

ただ、朝から夜まで毎日働いている人や子育てで忙しい人には私のようなリズムでの生活はできません。しかし、本気で投資を始めようとしているあなたは、**これまでの生活リズムを変える気持ちで取り組まないと失敗するでしょう。なぜなら「投資は遊びではない」**からです。

そのためにも、まずは、いつもより30分~1時間前には起床して投資の準備をすることから始めましょう。慣れるまでは大変ですが、生活リズムを確立させれば、あとはいつものように行動するだけ、投資で稼ぐための第一歩です。

これまで不規則な生活をしていた人は生活習慣を見直すためのいい機会です。スキップをするように生活のリズムを整えながら投資に備えましょう。

プロ御用達！株価情報サイト

これ絶対おすすめ！

日経平均連動型のＥＴＦで利益を上げるためには、当たり前ですが日経平均の株価を予測しなければいけません。

近い将来に日経平均が上がると思えばＥＴＦ１５７０を買い、下がると思えばＥＴＦ１３５７を買うだけのシンプルな投資です。

しかし、シンプルではありますが簡単に稼げるほど甘くもないので、投資のプロでも目の色を変えて必死に取り組んでいます。そんなプロでも相場を予想するのは難しく、様々なデータや指標を見ながら売買をしなければ失敗します。そこで活躍しているのが**「世界の株価と日経平均先物」**というサイトです。

株式会社ストックブレーン社が運営しており、パソコンやスマホから**「日経先物」で検索すれば「日経平均先物 CME SGX 大取 夜間リアルタイムチャート」**が上位に表示されます。

私はもちろんのこと、多くの個人投資家や専門家も活用しているとても便利な無料サイトです。

まず私が朝起きてからチェックするのは日経先物の夜間取引での株価、そして、NYダウの株価です。日経先物の取引が行われている夜間に大きな値動きがあれば、昼間の株価にも影響が及ぶので、その原因をツイッターなどのSNSで確認してから、売買の注文をすることもよくあります。また、NYダウの株価が乱高下しているような時も同様に確認しています。

他にも「騰落レシオ」や「為替」など、色んな情報がリアルタイムで配信されているので、私のように日課として見ることをおすすめします。

「タダほど怖いものはない」とは言いましたが、このサイトはとても便利、私なら月500円支払ってもいいと思っているくらい重宝しています。

2つの口座で売買管理

注文ミスを防ぐために

私は証券会社の口座を4つ持っています。「すごい！」と思った、そこのあなた、最後まで聞いてください。同じ証券会社で開設できる口座は1人1つまでなので、4つの証券会社の口座を開設しただけ、しかもそのうち2つの口座は空っぽ、残り2つも大した金額じゃありません。

ではなぜ、4つも口座を持っているかというと、以前、個別銘柄を頻繁に売買していた頃、サービスや手数料が一番安いなど、初心者の私が使いやすい口座を使い分けるためでした。

しかし、今はETF投資専門なので、**売買は1か月に数回行う程度**、さらに、日経平均が私の目安としている株価でなければ、売買しない月もあるので、**手数料は気にせずに使いやすさを重視**しています。もちろん、手数料が比較にならないくらい高ければ、いくら使いやすいからといっても、年間の売買回数を考えると手数料だけで数千円の差が出るので、そのような証券会社の口座は使ってはいません。

一方、手数料が安い証券会社でも私には使い勝手が悪く、売買注文でミスをしたこともあったので、今は申し訳ないですが休眠口座状態です。

よって、現在は**2社の口座を併用して使っています**。そして、この2社の口座をETF1357とETF1570に分けているので、**売買履歴や収支の管理がしやすく便利**なので活用しています。複数口座を持つメリットは人それぞれですが、私が2社の口座を持つ**最大の理由は売買注文のミスを防ぐ**ためです。

私のETF投資は基本、**コツコツ投資でのんびりと稼ぐ「ゆる投資」**です。しかし、日経平均の値動きが荒い乱高下相場では、パソコンの画面をじっくりと見て売買を繰り返す「デイトレード」のような売買をすることもたまにあります。そんな、滅多にしないデイトレードで失敗しがちなのが注文ミスです。

ETF1570を買いたいのにETF1357を買ってしまい、**通常では考えられない注文ミスをしたことを過去に経験**しました。そういう単純なミスが大きな損失に繋がるので、口座を2つ使っています。

ただし、複数の口座を運用する際は注意しなければいけない点があります。証券会社の口座を作る際に、特定口座の「源泉徴収あり」と「源泉徴収なし」のどちらかを選択します。一般的に**私たち個人投資家は「源泉徴収ありの特定口座」**で申し込む方が多いでしょう。なぜなら、自動的に税金が計算されて差し引かれるので、面倒な確定申告の手間が省けるからです。

しかしここで注意点。たとえば、2つの特定口座で投資をしていた場合、一方は利益がプラス、もう一方はマイナスという現象が発生することもあり得ますが、この口座間の利益と損失を相殺して、自動的に損益の通算計算はしてくれません。もちろん、マイナスの口座から税金が引かれることはありませんが、プラスの口座からは税金が引かれているので、場合によっては税金の過払いを避けるため、自分で確定申告を行う必要があります。

なので、初心者は1つの口座で少額から始めればいいとは思いますが、経験を重ねていくうちに手数料や他社のサービスも気になるところです。今はネットで調べれば手数料やサービスの比較も簡単にできるので、私のように4つも持つ必要はありませんが、

2社ぐらい申し込みをしておけば、将来作りたい時の手間も省けるので、一度検討されてみてはいかがでしょうか。

ゴールを決めよう！

私は88、あなたは？

近年では「人生100年時代」という言葉が注目されていますが、まさか、誰もが100歳まで生きられるなんて思っていませんよね？

食生活を見直し、健康管理がキチンとできている人ならまだしも、喫煙に飲酒、お腹一杯になるまで食べ続け、メタボリックシンドロームの診断基準のひとつとされる腹囲（男性85cm以上、女性90cm以上）の人だと、恐らく100歳どころか、日本人の**平均寿命**までも生きられません。さらに注目されている**健康寿命**は男性約73歳、女性約75歳ですが、それすら危ぶまれます。

100万円を2000万円に増やす方法

100万円の元手を年1.2倍で増やしていくと20年後には2千万円貯まる

※税金約20%で計算

年数	元手	年20%増	税引き利益	累計額
スタート	1,000,000	1.2	160,000	1,160,000
1年後	1,160,000	1.2	185,600	1,345,600
2年後	1,345,600	1.2	215,296	1,560,896
3年後	1,560,896	1.2	249,743	1,810,639
4年後	1,810,639	1.2	289,702	2,100,341
5年後	2,100,341	1.2	336,055	2,436,396
6年後	2,436,396	1.2	389,823	2,826,219
7年後	2,826,219	1.2	452,195	3,278,414
8年後	3,278,414	1.2	524,546	3,802,960
9年後	3,802,960	1.2	608,474	4,411,434
10年後	4,411,434	1.2	705,829	5,117,263
11年後	5,117,263	1.2	818,762	5,936,025
12年後	5,936,025	1.2	949,764	6,885,789
13年後	6,885,789	1.2	1,101,726	7,987,515
14年後	7,987,515	1.2	1,278,002	9,265,517
15年後	9,265,517	1.2	1,482,482	10,747,999
16年後	10,747,999	1.2	1,719,679	12,467,678
17年後	12,467,678	1.2	1,994,828	14,462,506
18年後	14,462,506	1.2	2,314,001	16,776,507
19年後	16,776,507	1.2	2,684,241	19,460,748
20年後	19,460,748	1.2	3,113,719	22,574,467

30万円を2000万円に増やすことも可能

30万円の元手を年1.2倍で増やせば2千万円貯まるのに何年かかる?

※税金約20%で計算

年数	元手	年20%増	税引き利益	累計額
スタート	300,000	1.2	48,000	348,000
1年後	348,000	1.2	55,680	403,680
2年後	403,680	1.2	64,589	468,269
3年後	468,269	1.2	74,923	543,192
4年後	543,192	1.2	86,911	630,103
5年後	630,103	1.2	100,816	730,919
6年後	730,919	1.2	116,947	847,866
7年後	847,866	1.2	135,659	983,525
8年後	983,525	1.2	157,364	1,140,889
9年後	1,140,889	1.2	182,542	1,323,431
10年後	1,323,431	1.2	211,749	1,535,180
11年後	1,535,180	1.2	245,629	1,780,809
12年後	1,780,809	1.2	284,929	2,065,738
13年後	2,065,738	1.2	330,518	2,396,256
14年後	2,396,256	1.2	383,401	2,779,657
15年後	2,779,657	1.2	444,745	3,224,402
16年後	3,224,402	1.2	515,904	3,740,306
17年後	3,740,306	1.2	598,449	4,338,755
18年後	4,338,755	1.2	694,201	5,032,956
19年後	5,032,956	1.2	805,273	5,838,229
20年後	5,838,229	1.2	934,117	6,772,346
21年後	6,772,346	1.2	1,083,575	7,855,921
22年後	7,855,921	1.2	1,256,947	9,112,868
23年後	9,112,868	1.2	1,458,059	10,570,927
24年後	10,570,927	1.2	1,691,348	12,262,275
25年後	12,262,275	1.2	1,961,964	14,224,239
26年後	14,224,239	1.2	2,275,878	16,500,117
27年後	16,500,117	1.2	2,640,019	19,140,136
28年後	19,140,136	1.2	3,062,422	22,202,558

私も100歳まで生きられるとは思っていないし、生きたくもないですが寿命は88歳、健康寿命は87歳と決めています。だから、30歳の誕生日にきっぱりとやめたタバコはそれきり吸ってはいないし、痛風予備軍と診断されてからはプリン体の多いビールは控え、ウイスキーのストレートやハイボールに変更、食事は腹7分目を意識しています。

最近では健康のために酒量も減らし、ポテトチップスなんて、体に良くないと知ってからは随分食べていません。（アクリルアミドで検索）

また、汗をかくような激しい運動は苦手なので、日課の鉄棒ぶら下がりや大阪城公園を散歩する程度、この生活を続けていれば88歳まで生きられると株価のように予想しています。

資産形成も寿命のようにゴールを決めておかなければ実現しないでしょう。**10年後、20年後、30年後の節目にどれだけの資産にするのか計画を立てる**ことで無茶な投資をしなくなります。

これから投資を始められる人や投資初心者、これまで投資でなかなか勝てなかった人は、現在の資産を将来に、どれだけ増やすのかを決めておくといいでしょう。

たとえば、**あなたがETFで負けない投資ができるようになってから、元手100万**

円で毎年の利益が20%とした場合、元手と利益の複利で20%ずつ増やせば、20年後には２２００万円を超えます。

「１００万円なんて持ってまへんで」という人は30万円でもコツコツと20％の複利で増やしていけば28年後には２２００万円を超え、老後の心配が少しでも解消されるのではないでしょうか。たとえ、１００歳まで生きたとしても。

第5章

超簡単！　実践・応用編

騰落レシオで未来予想１

モードは必ず繰り返す

私がＥＴＦ投資をする上で最も信頼している指標は騰落レシオです。そして、私はこの騰落レシオを２０１８年から毎日コツコツと記録してきたことによってアイデアがひらめき、他の指標と照らし合わせながら利益を上げられるようになりました。

つまり、本書の最後に記載している売買データだけでもＥＴＦ投資をする人にとっては十分な価値があると思っています。

騰落レシオは１２０％以上で買われすぎ状態、80％以下で売られすぎ状態と私は判断しており、この状態は必ず繰り返すこともわかっています。なので、騰落レシオが１２０％以上になればＥＴＦ１３５７を買う準備、80％以下になればＥＴＦ１５７０を買う準備をします。

また、騰落レシオのパーセンテージは日々激しく変化することはなく、ゆっくりと上下するので、本書のテーマのひとつでもある**「ゆる投資」には相応しい指標**です。

最新の騰落レシオは、私のツイッターや第4章で紹介したサイト（世界の株価と日経平均先物）でも日々発信しているので簡単に確認することができます。

さらに今は進化し、騰落レシオが現在どの位置なのかを確認するために、**私が考えた「モード」**を取り入れ、売買の判断基準としています。このモードには**「買われすぎモード」と「売られすぎモード」**があり、基本、買われすぎモードでETF1357を買い、売られすぎモードでETF1570を買います。

そこで、あなたに質問です。2022年12月7日の日経平均終値は2万7686円、騰落レシオは中立状態の100%、では、1年で最後の取引日（大納会）となる12月30日の日経平均は12月7日の株価よりも上昇していたでしょうか？それとも下落していたでしょうか？

【ヒント】一般的に**12月は年末商戦で株価は上昇する**と言われています。また、専門家の多くも、日経平均は12月に高値を付けると予想する傾向はあります。

【答え】2022年12月30日（大納会）の終値は2万6094円、よって「下落していた」

が正解です。

投資を始めた頃の私なら、このヒントから「年末は上昇していた」と答えたでしょう。

また、投資経験者でも年末の上昇を期待してＥＴＦ１５７０を買った人もいたはずです。

しかし、これだけの情報で日経平均の年末上昇を期待してＥＴＦ１５７０を買う人は危険です。なぜなら、騰落レシオを無視して「根拠のない経験則（アノマリー）」で判断したからです。

一方、**「騰落レシオは中立状態の１００％なので、これだけの情報ではわからない」**と答えた人が本書での正解です。このように冷静な判断をしたあなたは、これからも負けにくいＥＴＦ投資ができるでしょう。

それでは、当時を振り返りながら正解を確認します。

12月７日の騰落レシオは１００％、将来、１２０％以上になるか80％以下になるかは、この時点ではわかりません。しかし、**前月の11月22日に買われすぎ状態の１２０％以上**

モードは必ず繰り返す

騰落レシオ	状態	モード
120%以上	買われすぎ状態	買われすぎモード
100%	中立状態	買われすぎモード
80%以下	売られすぎ状態	売られすぎモード
100%	中立状態	売られすぎモード
120%以上	買われすぎ状態	買われすぎモード

ETF1357を買う

ETF1357を売り、ETF1570を買う

ETF1570を売り、ETF1357を買う

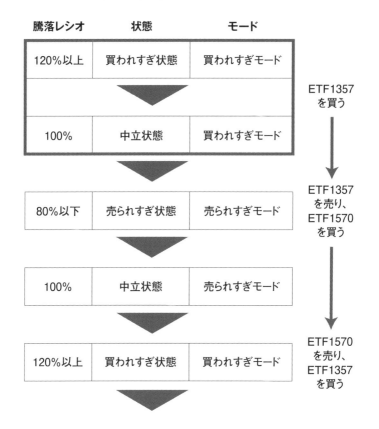

（124％）となり、モードは「買われすぎモード」、その後、日経平均の下落に伴い、騰落レシオのパーセンテージも徐々に下がりました。

したがって、年末の上昇を期待してETF1570を買うのではなく、下落を予測してETF1357を買う、もしくは**騰落レシオが80％以下になり「売られすぎモード」に切り替わるまでETF1570を買うのは待たなければいけなかった**のです。

つまり、さきほど質問した2022年12月7日の**中立状態100％の騰落レシオが「買われすぎモード」か「売られすぎモード」を確認する**ことで、将来、日経平均がどちらの方向に動くのかを予想しておけば、ETF1570を買うのはリスクが高いと判断することができます。

もちろん、この「モード」だけでETF投資をするのも早急、私は他の指標と照らし合わせながら慎重に売買を行い、リスクの低いETF投資を目指しています。

騰落レシオで未来予想2

すぐに買う？それとも待つ？

騰落レシオが買われすぎ状態の120％以上（買われすぎモード）でETF1357を買い、売られすぎ状態の80％以下（売られすぎモード）でETF1570を買う基準とするのはおわかりいただけたかと思います。

しかし、これだけの基準でETFを買うのは難しくてハイリスク、私が長年に渡り、記録してきた騰落レシオと日経平均の相関データを参考にすることで、スムーズにリスクの低い「ゆる投資」ができるようになります。

まずは2つの表をご覧ください。

右の表は**騰落レシオが買われすぎ状態の120％以上になってから、日経平均が「高値になるまでの日数と上昇率」、左の表は騰落レシオが売られすぎ状態の80％以下になってから、日経平均が「安値になるまでの日数と下落率」**です。

騰落レシオが買われすぎ状態の120%以上になってからの日経平均

	2019/7/5	2019/9/13	2020/4/20	2020/9/14	2020/12/8
騰落レシオ	121%	124%	124%	125%	120%
日経平均の終値	21,746	21,988	19,669	23,559	26,467
翌日以降高値を付けた日	2019/7/25	2020/1/17	2020/6/9	2020/10/9	2021/2/16
高値になるまでの日数	13日	80日	32日	16日	46日
高値	21,823	24,115	23,185	23,725	30,714
上昇率	+0.4%	+9.7%	+17.9%	+0.7%	+16.0%

	2021/9/8	2022/4/14	2022/7/21	2022/11/22	2023/1/27
騰落レシオ	125%	120%	132%	124%	122%
日経平均の終値	30,181	27,172	27,803	28,115	27,382
翌日以降高値を付けた日	2021/9/14	2022/4/21	2022/8/17	2022/11/24	(2023/3/9)
高値になるまでの日数	4日	5日	18日	1日	(28日)
高値	30,795	27,580	29,222	28,502	(28,734)
上昇率	+2.0%	+1.5%	+5.1%	+1.4%	(+4.9%)

※2023年3月31日時点

高値になるまでの日数や上昇率を参考にしてETF1357を買おう

騰落レシオが売られすぎ状態の80%以下になってからの日経平均

	2019/5/9	2019/8/9	2020/1/28	2020/7/2	2020/10/30
騰落レシオ	78%	79%	78%	79%	80%
日経平均の終値	21,402	20,684	23,215	22,145	22,977
翌日以降安値を付けた日	2019/6/4	2019/8/26	2020/3/19	2020/7/31	なし
安値になるまでの日数	18日	10日	35日	19日	0日
安値	20,289	20,173	16,358	21,710	なし
下落率	−5.2%	−2.5%	−29.5%	−2.0%	0.0%

	2021/5/13	2021/10/21	2022/4/27	2022/9/26	2022/12/29
騰落レシオ	78%	73%	79%	80%	78%
日経平均の終値	27,448	28,708	26,386	26,431	26,093
翌日以降安値を付けた日	2021/8/20	2022/3/9	2022/6/20	2022/10/3	2023/1/4
安値になるまでの日数	68日	92日	34日	5日	2日
安値	26,954	24,681	25,520	25,621	25,661
下落率	−1.8%	−14.0%	−3.3%	−3.1%	−1.7%

安値になるまでの日数や下落率を参考にしてETF1570を買おう

右の表をざっと見たところ、騰落レシオが買われすぎ状態になってから日経平均が高値になるまでの日数は短くて1日、長ければ80日です。

つまり、**この期間にETF1357を買えば、将来、日経平均が下落した時に利益を上げることができる**のです。

しかし、騰落レシオが120％以上になったのを確認した翌日に様子見で少額のETF1357を買うのはいいですが、決して一気に買ってはいけません。

なぜなら、表をご覧いただいてわかるように、騰落レシオが120％以上になってからも日経平均は上昇する傾向があるからです。

したがって、騰落レシオが120％以上になれば、日経平均が高値になるまでの日数を予測し、時間をかけてゆっくりコツコツとETF1357を買えばいいでしょう。

さらに、あなたが**「ゆる投資」で利益を上げたいのであれば、騰落レシオが120％以上になってから30日以上経過するのを待ち、日経平均が高値圏と判断した場合にETF1357をコツコツと買う方法がおすすめ**です。ただし、短い期間に高値を付けた場合はチャンスを逃すことになります。

左の表も同様の考え方で、騰落レシオが売られすぎ状態になってから日経平均が安値になるまでの日数（0日〜92日）を予測して、ETF1570をコツコツと買えばいいでしょう。

それと、もうひとつ参考にしていただきたいのは、それぞれの**表の最下部に記している「上昇率」と「下落率」**です。これは騰落レシオが買われすぎ状態もしくは売られすぎ状態になってからの日経平均の高値と安値を表したデータです。

たとえば**「騰落レシオが120％以上になったあと、日経平均が3％上昇した日からETF1357を買う」または「騰落レシオが80％以下になったあと、日経平均が3％下落した日からETF1570を買う」**という手法です。

ただし、これも上昇率や下落率に幅があるので確実に利益を上げることができる手法ではありません。しかし、私はこのデータがとても参考になるので記録してきてよかったと思っています。

あなたもETF投資に魅力を感じ、これからもずっと続けるためには、このデータは貴重です。

ぜひ、この機会に騰落レシオと日経平均のデータ記録を始めてはいかがでしょうか。

おすすめテクニカル指標「MACD」

騰落レシオとご一緒に

MACDとは「Moving Average Convergence Divergence」の略で「マックディー」と呼ばれており、長短2つの移動平均の差を1本のラインで表した**MACDライン（短期移動平均線）**と、MACDラインの値をさらにある期間で平均した、**シグナルライン（中長期移動平均線）**を組み合わせて売買のタイミングを計ります。

MACDチャートは2本線のみで表されるため、売買のサインが見やすく使いやすいチャートなので、トレンド分析の中でも人気のあるテクニカル指標のひとつと言えるでしょう。

チャートの傾きからトレンドの方向性を見るという活用方法もありますが、一方で、株価の値動きが一定の範囲以内の相場（ボックス相場）に弱いという一面もあり、その場合は威力を発揮しません。

日経平均日足チャートとMACD（マックディー）

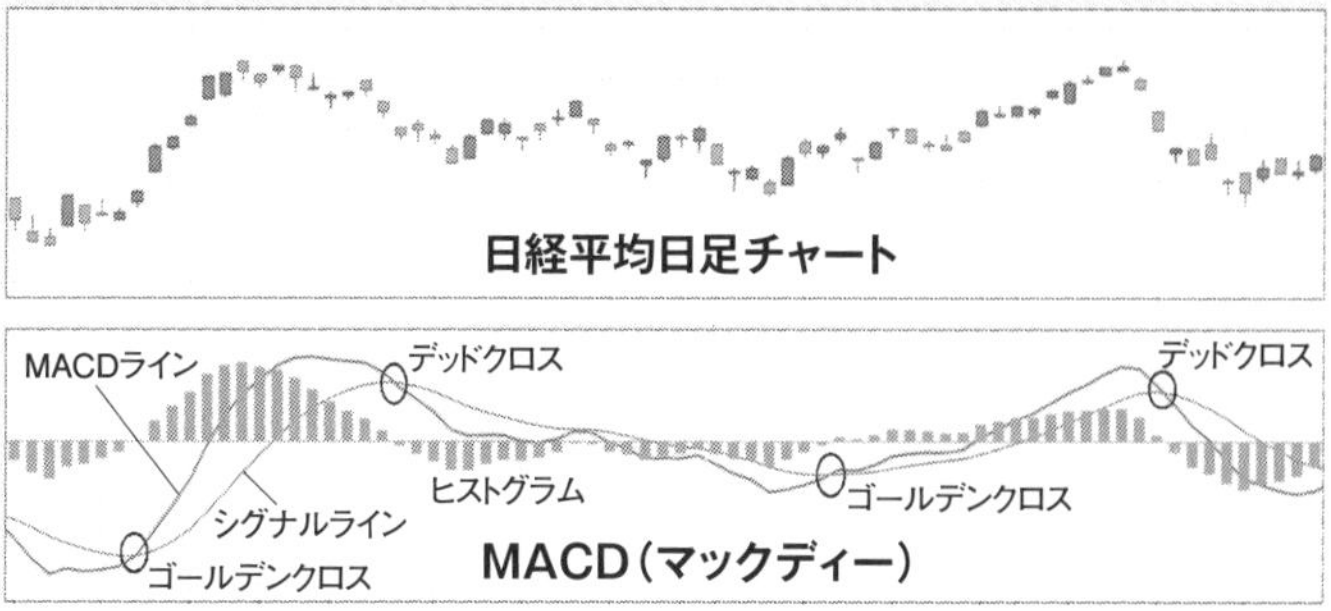

ポイントとしては、ETF投資をする場合、日経平均の**シグナルラインをMACDラインが、下から上に突き抜けた時（ゴールデンクロス）はETF1570の買い（ETF1357は売り）で、シグナルラインをMACDラインが上から下に突き抜けた時（デッドクロス）はETF1570の売り（ETF1357は買い）です。**

また、**MACDラインとシグナルラインの後ろに表示されている棒グラフは「ヒストグラム」**と言い、MACDラインとシグナルラインの差をグラフ化したものです。よって2つのラインの差が広ければ棒グラフも長くなるということです。

さらに、日々の積み重ねで山や谷の形を作り、このヒストグラムで作られた山の頂点が高値で谷の底が安値と判断されます。

ただし、テクニカル分析を活用した指標はＭＡＣＤ以外にも多数ありますが、どれもそれぞれ長短があり、完璧なテクニカル指標は存在しません。

私の場合は騰落レシオをメインとしたＥＴＦ投資をしていますが、売買の判断に迷った時は今回紹介したＭＡＣＤをはじめ、このあと紹介するパラボリックやＲＳＩも見て、よりリスクの低い投資を心掛けています。

将来あなたがＥＴＦ投資で資産を増やすためにも、複数のテクニカル指標を併用して売買することをおすすめします。

みんな大好き？「パラボリック」

ＳＡＲでトレンドチェック

パラボリックとは「放物線」の意味で、**ＳＡＲ（ストップアンドリバース）という指標を使用しており、主に相場のトレンド転換点を探る時に有効なテクニカル指標**です。

日経平均日足チャートとパラボリック（SAR）

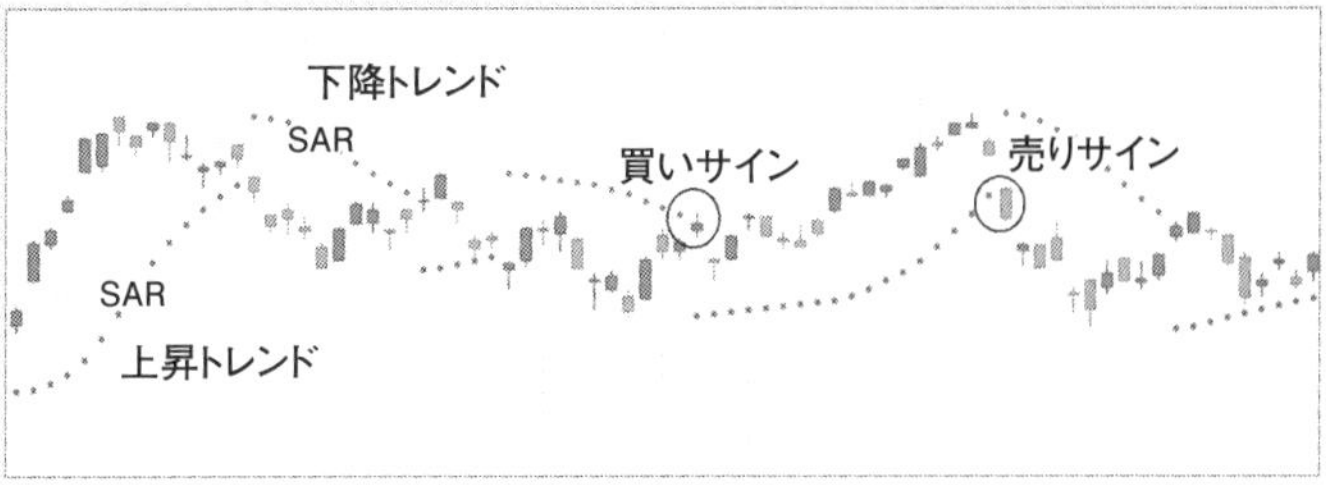

指標の計算方法は本書では覚える必要がないので省かせていただきます。

パラボリックでは通常、**ローソク足がSARの上にある場合は上昇トレンド、下にある場合は下降トレンド**を示し、下降トレンドでローソク足が**SARを上抜けたら買いサイン**、上昇トレンドでローソク足が**SARを下抜けたら売りサイン**とされています。

また、SARはトレンド追随型のテクニカル分析として、途転《どてん》買い・途転《どてん》売りのシステムと言われています。

途転とは、保有しているポジションを正反対にすることです。

たとえば本書でのETF投資の場合、これまで保有していた**ETF1570を日経平均が上昇トレンドから下降トレンドに変わった時に売り、同時にETF1357を買う**

手法です。また、逆も然りで、これまで保有していたETF1357を日経平均が下降トレンドから上昇トレンドに変わった時に売り、それと同時にETF1570を買うのです。

つまり、**常に「売り」か「買い」のポジションを持つ**ので、私が専門としているETF投資は日経平均の上下で稼ぐスタイルということからも、参考になる指標です。

知らなきゃ損！「RSI」
ラインタッチを見逃すな！

RSI（アールエスアイ）はアメリカのJ・W・ワイルダー氏が考案した指標のひとつで「Relative Strength Index」の頭文字からこのように呼ばれています。**買われすぎか、売られすぎかを判断するために使われるオシレーター系（逆張り）のテクニカル指標**です。

日経平均日足チャートとRSI（アールエスアイ）

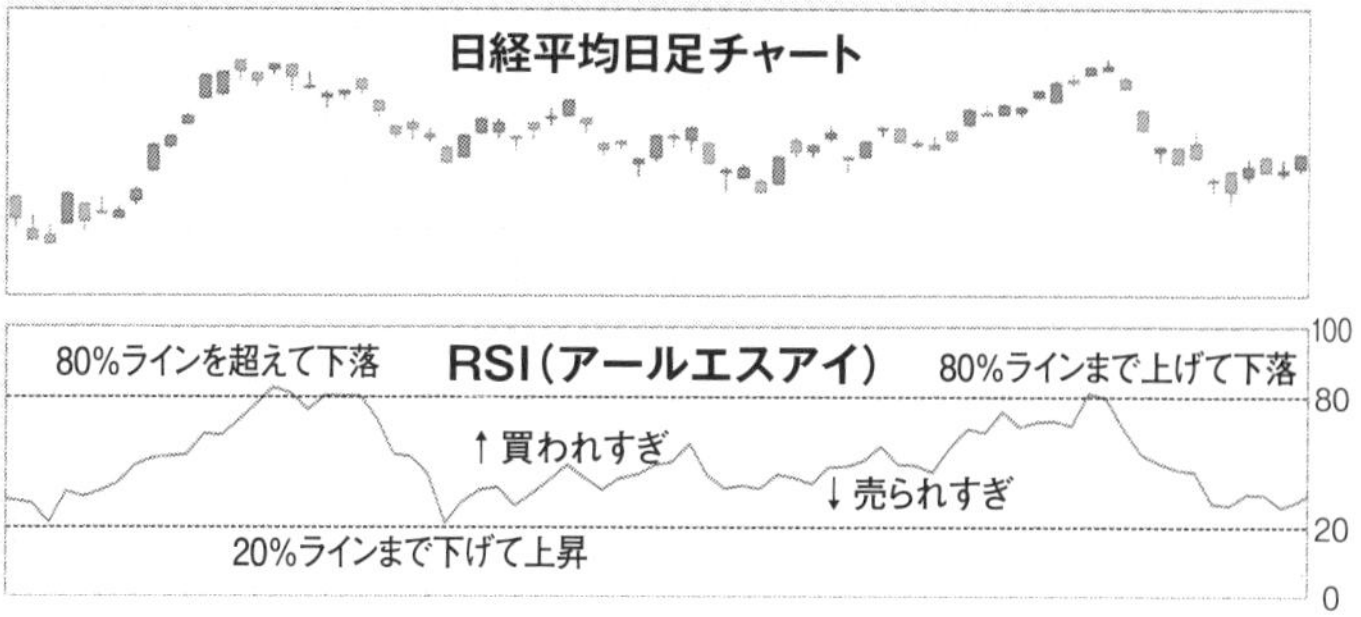

いつものように計算方法は省略しますが、ＲＳＩの**数値は０%～１００%で表され、一般的に70%～80%以上で買われすぎ、20%～30%以下で売られすぎと判断**されます。

通常、ＲＳＩは逆張りの目安として使われる手法で、本書のＥＴＦ投資をする場合、**日経平均のＲＳＩが70%～80%以上なら、市場は買われすぎだと判断してＥＴＦ１３５７を買い**、日経平均の下落（ＥＴＦ１３５７は上昇）を待てばいいでしょう。

一方、**日経平均のＲＳＩが20%～30%以下なら、市場は売られすぎだと判断してＥＴＦ１５７０を買い**、日経平均の上昇（ＥＴＦ１５７０も上昇）を待てばいいのです。

私の場合、RSIが70%を超えたあたりで、ETF1570を保有している場合は売ることもありますが、将来の下落を予想してETF1357を急いでは買いません。そこから**さらにRSIが80%まで上昇する可能性もある**からです。

なので、私がRSIを参考にする時は買われすぎ状態の80%付近でようやくETF1357を買う準備をします。そして、RSIが売られすぎ状態の目安とされる30%以下でETF1357を保有している場合は売り、ETF1570の買いは20%付近を目安とします。

つまり、**RSIの70~80%以上は騰落レシオの120%以上、RSIの20~30%以下は騰落レシオの80%以下**と考えておけばわかりやすいのではないでしょうか。

あなたの気持ちは?「サイコロジカル」

株価は心理に反映される!?

景気の「気」は「気分の気」や「気持ちの気」と言われます。

日経平均日足チャートとサイコロジカル

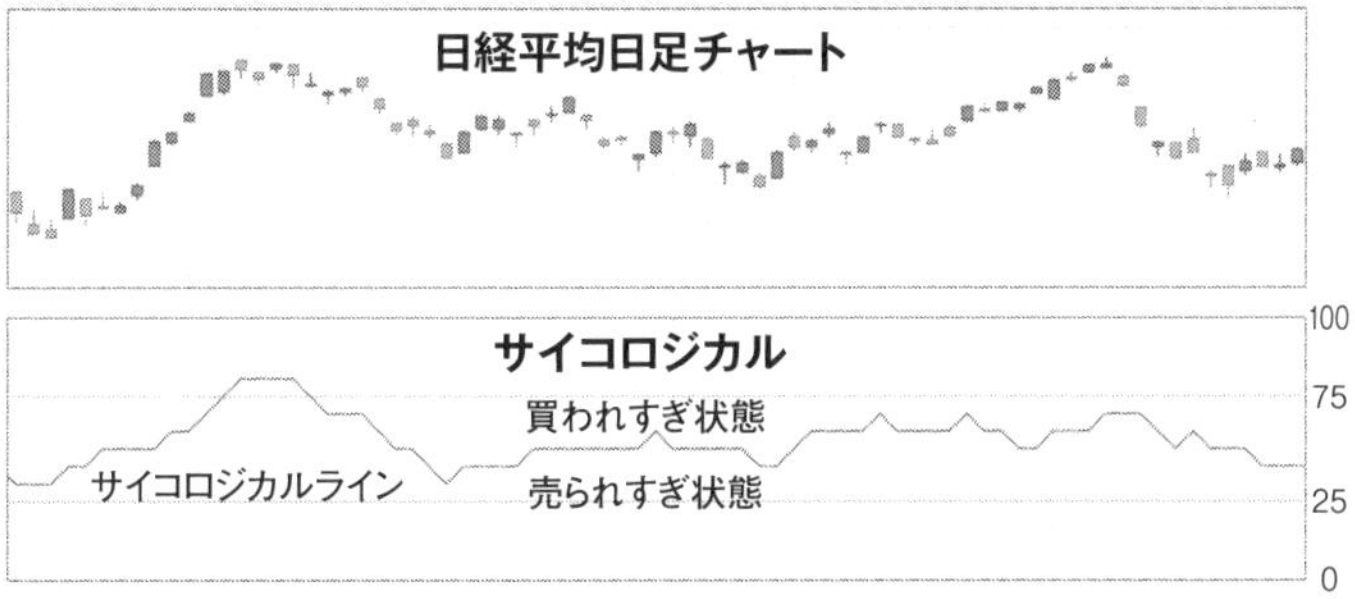

サイコロジカルとは「心理的な」という意味で、サイコロジカルラインは投資家の心理を数値化して売買タイミングを判断するために古くから使われている**オシレーター系（逆張り）テクニカル指標**です。

ということは、まさに、私の専門としている日経平均の株価に連動したＥＴＦ投資は、**日本の株式市場全体の投資家心理を反映**したようなもの、この指標はとても参考になります。

通常、**サイコロジカルラインは０％～１００％の間で推移し、50％を基準に25％以下は売られすぎ状態、75％以上では買われすぎ状態と判断**します。

売買のタイミングとしては、25％以下になったら買い、75％以上になったら売りというのではなく、25％以下になり、そこから30％、40％と上昇したら買いシグナル、75％以上になり、70％、60％と下降したら売りシグナルとするので、トレンド系テクニカル指標としても活用できます。よって、**投資スタイルとしては「逆張り」「順張り」どちらでも活用できます**。

今回も、ややこしい計算方法は省略、本書のＥＴＦ投資では、このサイコロジカルラインを活用する際、まずは日経平均が今現在、**買われすぎ状態か売られすぎ状態かを見極める**ことから始めます。

そして、日経平均のサイコロジカルラインが65％、70％、75％以上と上昇したあと、70％、65％と下がり始めた頃に「そろそろＥＴＦ１３５７を買おうかな」と準備をすればいいのです。

一方、日経平均のサイコロジカルラインが35％、30％、25％以下と下降したあと、30％、35％と上がり始めた頃を見計らって「そろそろＥＴＦ１５７０を買おうかな」と準備をすることで、のんびりとコツコツ買いでリスクの低い「ゆる投資」ができます。つまり、相場の強弱を見極めるのに有効な指標と言えるでしょう。

しかし、このサイコロジカルラインだけを信用してＥＴＦを売買するのは危険なので、他の指標、特に私が最も信頼している騰落レシオで「買われすぎモード」か「売られすぎモード」を確認、この**2つの指標を併用すれば、一層、売買タイミングが掴めやすくなります**。

信用倍率と空売り比率で先を読む

ヤフーファイナンスで情報収集

本書はこれから投資を始めようと考えている人や投資初心者をメインとしたETF投資の指南書なので、実際に持っている資金だけで売買する**「現物取引」**を前提としています。なので証券会社から資金を借りて行う**「信用取引」**の解説はしておりません。

また、私自身、過去に信用取引で痛い目に遭った経験から信用取引は行っておらず、おすすめすることもありませんのでご了承ください。

ただ、信用取引をする・しないに関係なく、ETF投資をする際、参考にしておきたいのが**信用倍率**です。この計算方法は簡単なので省略せずに説明させていただきますと、信用倍率は信用取引の「買い」と「売り」のマーケットにおける取り組み状況を表す指標で**「信用買い残÷信用売り残」**で計算されます。

つまり、日々増減する信用買い残と信用売り残が同数であれば信用倍率は「1」で、1よりも大きければ「買い残」が「売り残」よりも多いことを意味し、反対に1よりも小さければ「売り残」の方が「買い残」よりも多いことを表します。

よって、信用買い残が売り残よりも多ければ多いほど、**信用取引で買った株式は決済期日までに売らなければいけないので、将来、株価は大きく下がる**可能性があり、信用売り残が買い残よりも多ければ多いほど、**信用取引で売った株式は決済期日までに買い戻さなければいけないので、将来、株価は大きく上がる**可能性があります。

ETF1357とETF1570の信用倍率はパソコンやスマートフォンでヤフーのTOPページにある「ファイナンス」から**ヤフーファイナンス**のページを開きます。

次に、「銘柄名やコード、キーワードを入力」の空欄に1357もしくは1570と入力して検索、それぞれの画面を開き「時系列」から「信用残時系列」に進み、1週間ごとに記録されたETF1357とETF1570の信用取引の買い残と売り残、そして信用倍率を見ることができます。

ETF1357信用残時系列

日付	売残	買残	売残増減	買残増減	信用倍率
2023年3月24日	7,066,103	72,935,934	−280,493	51,307	10.32
2023年3月17日	7,346,596	72,884,627	−592,694	−72,282,445	9.92
2023年3月10日	7,939,290	145,167,072	−371,643	31,454,302	18.28
2023年3月3日	8,310,933	113,712,770	−527,775	29,438,623	13.68
2023年2月24日	8,838,708	84,274,147	−511,350	−3,413,564	9.53

ETF1570信用残時系列

日付	売残	買残	売残増減	買残増減	信用倍率
2023年3月24日	1,596,491	5,023,517	−166,888	−566,490	3.15
2023年3月17日	1,763,379	5,590,007	−1,271,442	2,466,950	3.17
2023年3月10日	3,034,821	3,123,057	135,767	−1,357,161	1.03
2023年3月3日	2,899,054	4,480,218	635,911	−1,165,054	1.55
2023年2月24日	2,263,143	5,645,272	590	19,278	2.49

2023年3月10日のETF1357の信用倍率は18・28でした。そして、1週間後の3月17日には9・92まで下げました。

これは、近い将来に日経平均が下がると予測している投資家たちが、利益を確定させるために信用取引で買っていた大量のETF1357を日経平均の下落で売ったからです。一方、ETF1570の信用買い残は、この日経平均の下落で、安値と判断した投資家たちにより一気に増えました。

次は空売り比率について。

「空売り」とは、手元に株式がなくても借りて売買できる信用取引ならではの手法です。たとえば、株価が高いと判断した場合、将来の下落を予想して空売りをし、その後、予想通り株価が下落したところで買い戻して利益を得る仕組みです。

「空売り比率」とは、信用取引にて1日の売り注文全体の売買代金に対する空売り（信用取引を含む）の売買代金の割合です。**空売り比率が上昇すると、空売りの買い戻しの期待が高まることから株価上昇のきっかけとなる**ことがあります。

この空売り比率は私のツイッターや第4章で紹介したサイト「世界の株価と日経平均

先物」でも簡単に知ることができます。

私の場合、**空売り比率は40％を基準**に41％→43％→45％と上がれば、将来、市場の株価は下がると予想している投資家が増えてきていると考え、日経平均の暴落を警戒してＥＴＦ１３５７を買う準備をします。一方、基準の40％から38％→36％と下がればＥＴＦ１５７０を買う準備をします。

当然ながら、信用倍率や空売り比率だけを参考に売買するのも危険なので、あくまでも値動きの傾向を知るための指針だということは認識しておきましょう。

週足チャートでトレンド予測
「ゆる投資」におすすめ

1年後の日経平均の株価を聞かれても私には答えられません。なぜなら、世界経済をはじめ、自然災害や地政学リスクなど予期せぬ不測の事態がいつ起きても不思議ではないからです。

ゆる投資には週足チャートがおすすめ

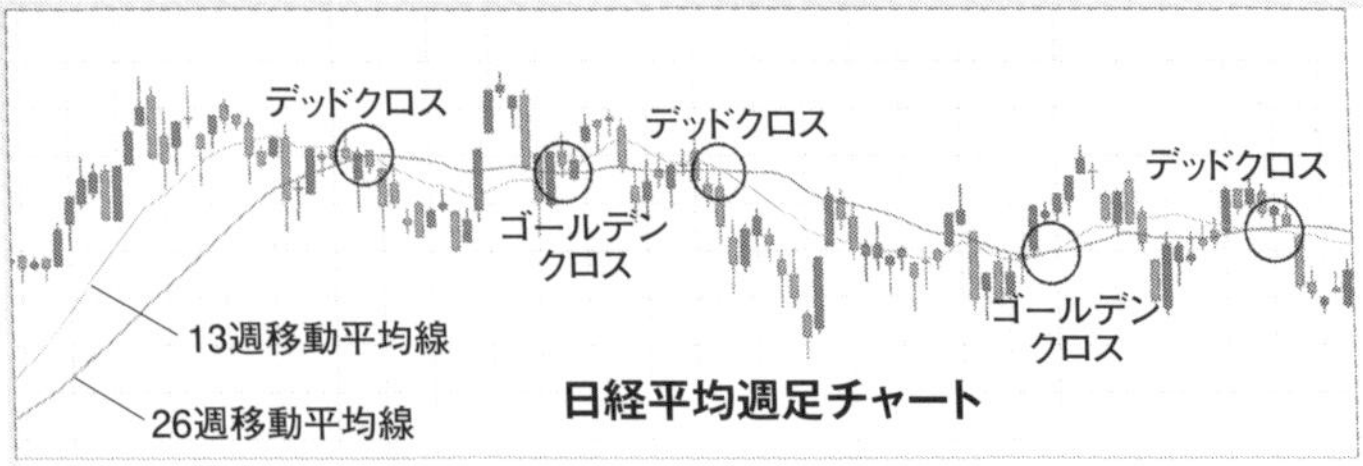

しかし、ETF投資をする以上、近い将来（3か月〜6か月先）の株価を予測し、売買の準備をしておかなければチャンスを逃しかねません。

そこで、これからETFで「ゆる投資」を始めるあなたにおすすめなのは**「週足チャート」の活用**です。

1日の取引時間での株価の値動きを1本のローソクの形で表した「日足」に対し「週足」は1週間単位で表したものです。そして、週足の集合体でできたグラフが週足チャート、一般的に中・長期の投資戦略として使われます。

週足チャートも日足チャートと同様に移動平均線があり、**26週移動平均線（中期線）を13週移動平均線（短期線）が上から下に交差すれば「デッドクロス」**で将来の株価下落、反対に、**下から上に交差すれば「ゴールデンクロス」**で将来の株価上昇が予想できます。

このチャートをご覧いただいてわかるように、**ゴールデ**

ンクロスとデッドクロスは必ず交互に繰り返します。

したがって、デッドクロスが形成されたあと、日経平均の下落を予想してETF1357をコツコツと買い、利益が出れば欲張らずに保有している全株を売って利益を確定させます。

そして、数か月後、ゴールデンクロスが形成されたのを確認してから、将来の上昇を期待してETF1570をコツコツと買い、利益が出れば全株売ればいいのです。

つまり、毎日、日経平均の株価や騰落レシオなどの指標を気にせず、年数回の売買で利益を上げるために活用すればいいと思います。

しかし、いつも申し上げているように「投資に絶対はない」ので他の指標と照らし合わせることでリスクの低い投資ができるようになります。

NYダウは毎朝チェック

親分の動きは見ておこう

「アメリカがくしゃみをすれば日本が風邪を引く」という有名な言葉があります。

日本の株式市場が好調でもアメリカの株式市場、なかでも**NYダウが暴落すれば日経平均やTOPIXも暴落する**傾向は昔も今も変わりません。また、日本人の性格に似ているのでしょうか、NYダウの顔色をうかがいながら同じような動きをすることもあります。

私が専門としているETF投資は、日経平均の株価に連動した2つの銘柄だけの売買で利益を上げる手法なので、**本来は日経平均のことだけを考えておけばいいのですが、影響を受けやすいNYダウについても、少しくらい知っておいた方がいい**でしょう。

そんなアメリカ市場にはNYダウをはじめ、NASDAQ（ナスダック）やS&P500（エスアンドピー500）があります。

NYダウは「ウォール・ストリート・ジャーナル」を発行しているダウ・ジョーンズ社が公表する、アメリカ株式市場の代表的かつ、**世界で最も歴史の古い株価指数で、ニューヨーク証券取引所やナスダックに上場している代表的な30銘柄により構成**され、ダウ平均（ダウヘイキン）とも言われています。つまり、日本の株式市場で最も有名な指数でもある日経平均のような役割が、アメリカ市場のNYダウというふうに捉えておけばいいのではないでしょうか。

NASDAQはナスダックに上場している企業の時価総額上位約100銘柄を指数化した**「ナスダック100指数」と、約3000の全銘柄を指数化した「ナスダック総合指数」**があります。

また**「S&P500」はニューヨーク証券取引所とNASDAQに上場しているアメリカ企業から選出された500種銘柄の時価総額をベースにした指数**です。

こういったアメリカの市場全体の指数を見ることも大切で、私の場合、平日は毎朝4時に起きてすぐ、第4章で紹介した「世界の株価と日経平均先物」からNYダウの株価をチェックしています。

そして、アメリカの市場が荒れているような時は日経先物も同じように荒れる傾向があるので、日経先物（夜間取引）の株価を参考にその日の日経平均を予測、必要と判断すれば、ＥＴＦの売買注文をしてアルバイト先のコンビニへと向かいます。

とはいえ、必ずしも日経平均がＮＹダウに連動するとは限らないので、それほど神経質になる必要はないと思っています。

ただし、大統領選挙などの大きなイベントがある時は注視しなければいけません。

第6章
過去のデータで年間計画

1月～2月は暴落に注意！

1年のスタートは慎重に

「一月往ぬる二月逃げる三月去る」（いちげついぬるにげつにげるさんげつさる）とは、正月から三月までは行事が多く、あっという間に過ぎてしまうという意味が込められた諺です。

そんな**1月は新たな気持ちでＥＴＦ投資をスタートさせる大切な季節**でもあります。

したがって、この月につまずくと、その年を占っているような感覚になるので、私はいいスタートを切るためにも1月は慎重に売買を行うように心掛けています。

なので、**1月はよほど自信がある時以外は売買を控え、日経平均が安値圏だと判断すればＥＴＦ１５７０を買い、高値圏だと判断すればＥＴＦ１３５７を買う戦略**となります。

しかし、ＥＴＦ１３５７が上場した２０１４年からのデータを確認したところ、**1月の安値は前年（前月）12月の終値よりも下落する可能性が高い**ことが判明、つまり、12月の終値でＥＴＦ１３５７を買い、年が明け、1月に日経平均が下落した時に売って利益を上げることができるのです。

また、ご祝儀相場といって、**年末年始や大きなイベントでは相場全体の株価は上昇する傾向がある**ので、1年で最初の取引日となる大発会に、日経平均が前年12月の終値よりも上昇すればETF1357を買い、その後の下落で売れば、より多くの利益を1月に上げることができます。

とはいえ、2018年1月のように前年12月の終値よりも下がらない年もあるので、あくまで参考程度に留めておきましょう。

そして2月。

基本、私は2月とは相性が良くないので、**ETF1570の売買で利益を上げるスタンスではありません**。よって、日経平均の上昇を期待するのではなく、下落を警戒してETF1357を買う準備をします。

株式相場には**「節分天井、彼岸底」という経験則（アノマリー）**があり、**2月上旬に株価は高値を付け、3月中旬に安値になる**と古くから言い伝えられてきました。信憑性は低いため有効ではないようですが、私はあながちそうとも思っていません。

過去9年の日経平均12月終値と翌年1月および2月の安値を比較

年月	日経平均（終値）	翌年1月の日経平均（安値）		前年終値からの騰落率（%）	翌年2月の日経平均（安値）		1月安値からの騰落率（%）
2014年12月	17,450	2015年1月	16,592	−4.9%	2015年2月	17,271	4.1%
2015年12月	19,033	2016年1月	16,017	−15.8%	2016年2月	14,865	−7.2%
2016年12月	19,114	2017年1月	18,650	−2.4%	2017年2月	18,805	0.8%
2017年12月	22,764	2018年1月	23,065	1.3%	2018年2月	20,950	−9.2%
2018年12月	20,014	2019年1月	19,241	−3.9%	2019年2月	20,315	5.6%
2019年12月	23,656	2020年1月	22,892	−3.2%	2020年2月	20,916	−8.6%
2020年12月	27,444	2021年1月	27,002	−1.6%	2021年2月	27,649	2.4%
2021年12月	28,791	2022年1月	26,044	−9.5%	2022年2月	25,775	−1.0%
2022年12月	26,094	2023年1月	25,661	−1.7%	2023年2月	27,046	5.4%

1月は前年終値（12月）よりも安くなり、2月は1月安値の上下を繰り返す傾向がある

実際、**2022年の2月10日に日経平均は高値（2万7880円）を付けたあと、3月9日の安値（2万4681円）まで3199円（11・5%）も大幅に下げています。**

もし仮に、この相場格言を信用して一般的に節分の日とされている2月3日から9日までの5営業日に、終値でETF1357を約5万円分買い続けた場合、平均取得価額は420円、593株保有している状態になります。

そして、2月10日に高値を付けたあと、下降トレンドとなり、3月9日に日経平均が昨年来安値を

付けた日の終値（506円）で保有している全株を売れば、5万円（20％）超の利益を1か月で稼ぐことができました。

また、このデータ表によると2月の安値は1月の安値よりも下がる確率は50％です。なので、上昇する可能性も考えられますが、**2月は3月に次いで2番目に暴落の多い月でもあるため、上昇を期待するよりも下落を警戒**した方がよさそうです。

偶然だとは思いますが、このように1月安値からの騰落率はプラスとマイナスを繰り返しているので、2024年以降はこのデータを参考にするのもひとつの方法です。

そうしたことからも、**1月と2月は日経平均の上昇を狙ってETF1570を買うよりも、下落を狙ってETF1357を買う方がリスクは低そう**です。

もちろん、毎年、同じような株価の動きをするとは限らないので、売買は慎重に行いましょう。

3月はチャンス！

3月を制する者はETFを制する

3月は1年で最も稼ぐチャンスの月です。3月に株主優待を実施する企業数は、年間の株主優待実施企業数（延べ）の40%以上とも言われるくらい集中しており、**株主優待目的で個別銘柄を買う個人投資家により市場全体の株価は上昇する傾向**があります。

そんな3月の権利付き最終日は月末にやってきます。（2023年は3月29日）

よって、3月末にかけて日経平均は上昇しやすいため、私は毎年この季節になると、**ETF1570をコツコツと買い、権利付き最終日までの上昇で売って利益を上げる戦略**を立てます。

ただ、ここで注意しなければいけないのは、3月の日経平均は私の基準とする、**前日よりも300円以上値を上げる「暴騰」と、前日よりも300円以上値を下げる「暴落」が、1年で1番多い月です。**（2018年～2022年）

なので、権利付き最終日にかけて日経平均は上昇する可能性は高いですが、3月に入って早々にETF1570を買い、その後ほどなくして暴落すれば含み損状態となりかねません。

したがって、権利付き最終日までの安値でETF1570を買うチャンスを逃す結果となるので、**3月中旬以降の暴落でETF1570を買う方がリスクは低い**でしょう。

過去には3月の権利付き最終日当日の前場に大きく下げ、後場にプラスに転じ、終値にかけて急上昇したケースもありました。

もちろん、日経平均が安値圏の場合は、3月に入ってからすぐにETF1570を買ってもいいですが、高値圏や方向が定まっていない時、たとえば、**第3章の「均衡の三角保ち合い」のような時はETF1570を買うのは控え**、権利付き最終日数日前の暴落で買い、権利付き最終日当日までの上昇で全株売る方法がおすすめです。

私の場合、**3月に入る前から「節分天井、彼岸底」の相場格言を意識**し、日経平均が高値圏の時はETF1357を買い、その後の暴落で利益が出れば全株売って利益を確定させます。

日経平均月別【暴落回数】（前日比−300円〜）

	1月	2月	3月	4月	5月	6月	7月	8月	9月	10月	11月	12月
2018年	1	4	3	0	1	1	2	2	0	5	2	7
2019年	1	1	3	0	3	0	1	3	0	1	0	0
2020年	4	4	8	3	2	3	1	1	1	1	0	0
2021年	2	3	4	3	4	1	4	2	2	4	4	2
2022年	5	3	5	6	3	6	3	3	7	2	2	3
2023年	3	1	4									
2024年												
計	16	16	27	12	13	11	11	11	10	13	8	12

2023年以降は何回暴落するでしょうか?

日経平均月別【暴騰回数】（前日比+300円〜）

	1月	2月	3月	4月	5月	6月	7月	8月	9月	10月	11月	12月
2018年	2	3	3	2	0	1	1	1	2	2	2	2
2019年	1	2	2	1	0	2	2	0	1	1	1	1
2020年	2	1	4	7	5	2	3	5	1	0	7	3
2021年	3	6	5	2	4	1	1	3	5	5	2	5
2022年	4	3	7	4	3	4	2	4	2	4	3	1
2023年	4	1	5									
2024年												
計	16	16	26	16	12	10	9	13	11	12	15	12

2023年以降は何回暴騰するでしょうか?

そして、さらに大きく下げたところでETF1570を買えば、月末にかけての上昇で利益を上げることもできるので**3月は2度儲けのチャンス月**、毎年、楽しみにしています。

ちなみに、**権利付き最終日の翌営業日は「権利落ち」や「配当落ち」**と言い、理論的に配当分の株価は下がります。本書のETFには配当はありませんが株価は下がる傾向があるため、私は基本、権利付き最終日には保有株はゼロの状態にして3月の相場を終わらせます。

4月と5月は売って買う?

上昇、下落で2度稼ぐ

4月は新年度の始まりで何かと新しいことにチャレンジするきっかけとなる季節、**投資を始める人が最も多い月**とも言われています。

そんな4月に株式投資を始める人たちが1番悩むのは銘柄選び。とりあえず、書店に並んでいる雑誌や本が推奨する銘柄を買う人も中にはいらっしゃるのではないでしょうか?

この影響も少なからずあるとは思いますが、市場全体の株価、つまり、**日経平均も上昇が期待できるのでETF1570の売買が基本**となります。

しかし、初心者に限らず、私でもいくらの株価で買えばいいのか迷うことはあります。

そこで、私が行なっているひとつの手法としておすすめなのは、**3月の権利付き最終日までに売ったETF1570の株価よりも安値で買う**ことです。

わかりやすく例をあげると、あなたが10万円で購入した人気の腕時計をリサイクルショップに行き、11万円で売ったとしましょう。財布には11万円入っている状態です。

そして1か月後、リサイクルショップを覗いたところ、11万円で売ったはずの腕時計が10万円で店頭販売されていました。理由を聞くとブームが去り、売れなくなったとのこと。財布には使わずに残していた11万円が入ったままです。

そこで元々、売るかどうか迷っていたあなたは財布から10万円を取り出し、売った腕時計を買い戻しました。結果、手首には買い戻した腕時計、さらに財布には1万円があるのと同じ考え方です。

よって、**売った株価よりも安値で買い、上昇すれば売る行為を繰り返せば利益を上げることができる**ので、4月はETF1570でコツコツと利益を上げられるようにイメージしておきましょう。

ただし、チャートが上昇トレンドで株価が高値圏の場合は「高値掴《たかねづか》み」をする危険性もあるので、ここでもテクニカル指標の確認は怠ってはいけません。

5月は投資をしている人なら誰でも知っている**「Sell《セル》 in《イン》 May《メイ》」**。これはアメリカ市場の相場格言ですが「株は5月に売りなさい！」という意味です。

実はこの格言には続きがあり「Sell in May, and go away. Don't come back until St Leger day」直訳すると**「5月に売ってどこかに行け、セント・レジャー・デー（9月第2土曜日）まで戻ってくるな！」**と先人がアドバイスしてくれているのです。

これを日本の株式市場、つまり、本書の主役でもある2種類のETFに置き換えると「5月には保有しているETF1570を全部売りなさい！そして、9月の中旬まで

ＥＴＦ１５７０は買ったらダメですよ！」。

さらに付け加えると「５月から市場の株価が下がるので、それまでにＥＴＦ１３５７をコツコツと買い集め、９月中旬までに日経平均が下がった時に売って儲けなさい！」の２つが当てはまります。

そこで、過去のセルインメイ期間（５月１日～９月15日）を検証したデータが次の表です。

このデータから、**４月の終値でＥＴＦ１３５７を買い、セルインメイ期間の日経平均安値で売れば５年連続で利益を上げることができていました**。

そして、ＥＴＦ１３５７を売って利益を上げたあと、**セルインメイ期間の安値でＥＴＦ１５７０を買えば、その後は、かなり高い確率で大幅な上昇**が期待できます。

このように、４月の終値でＥＴＦ１３５７、９月の中旬までにＥＴＦ１５７０を買うだけで十分な利益を上げることも可能なので、この季節に限定してＥＴＦ投資をするのもひとつの方法でしょう。

セルインメイ期間のETF1357損益

	2017年	2018年	2019年	2020年	2021年	2022年
ETF1357の4月終値	1,897円	1,232円	1,070円	1,013円	423円	409円
約10万円分の株数	52株	81株	93株	98株	236株	244株
5月1日から9月15日までのETF1357の高値	1,895円	1,334円	1,282円	1,093円	469円	446円
高値を付けた日	5月1日	7月5日	6月4日	5月7日	8月20日	5月12日
損益	−104円	8,262円	19,716円	7,840円	10,856円	9,028円
上昇率	−0.1%	+8.3%	+19.8%	+7.9%	+10.9%	+9.0%

4月の終値でETF1357を買えば儲かる!?

セルインメイ期間のETF1570安値

	2017年	2018年	2019年	2020年	2021年	2022年
5月1日から9月15日までのETF1570の安値	7,350円	9,195円	7,995円	7,280円	13,740円	12,185円
安値を付けた日	5月1日	7月5日	8月6日	5月7日	8月20日	6月20日
約10万円分の株数	13株	10株	12株	13株	7株	8株
安値後の高値	10,995円	12,060円	11,610円	14,605円	17,920円	15,935円
高値を付けた日	11月9日	10月2日	12月17日	12月29日	9月14日	8月17日
損益	47,385円	28,650円	43,380円	95,225円	29,260円	30,000円
上昇率	+49.6%	+31.2%	+45.2%	+100.6%	+30.4%	+30.8%

セルインメイ期間の安値を狙ってETF1570を買おう!

6・7・8月は下落率？

夏枯れ相場に御用心

6月上旬から7月下旬にかけてはジメジメとした梅雨の季節、洗濯物がなかなか乾かないのが悩みの種です。晴れ間を縫って、1日3回洗濯機を回さなければいけない日は相場を見ている余裕なんてありません。

そんな梅雨時期の相場も、さっぱりとしない傾向ですが、**1年の後半に差しかかり、上昇するのか下降するのかを見極める大切な時期**です。

8月は長い梅雨の季節が終り「夏本番！スカッと爽やか！」と行きたいところですが、夏休みが近づくにつれ相場は閑散、これを**「夏枯れ相場」**と言います。

ご承知のとおり、一般的に日本の夏休みは「お盆休み」で、8月10日前後から中旬にかけて1週間程度、なかには有給休暇を活用して10日以上の長期休暇を取り、海外旅行に行かれる人も多いようです。

コンビニアルバイト店員の私には有給休暇はないので、いつもと変わらない日常、**株**

式市場も暦どおり営業しているので注意しましょう。

とはいえ、休日モードで閑散とした相場、取引もいつものように盛んには行われません。また、外国にはお盆休みはありませんが、この季節に長期休暇をとる人も多いようです。

したがって、**日本の株式市場を支配している外国人投資家が不在**となるため、相場がより閑散とします。

相場格言には「閑散に売りなし」という言葉はありますが、世界経済に大きな影響を与える出来事や地政学リスクが発生すればたちまち大暴落、私は毎年、**8月の夏枯れ相場は特に警戒して、暴落時にETF1570を買う準備**をしています。

そこで、6・7・8月の閑散とした相場の安値で、ETF1570を買えばいいと私は考え、2000年以降の日経平均の4月終値と6月・7月・8月の安値を比較したデータを作ってみました。

6月・7月・8月それぞれの月の安値と4月の終値を比較したところ、6月～8月は

下がる傾向があります。つまり、この閑散とした期間の安値でETF1570を買えば、相場に活気が戻る9月以降に利益を上げることができそうです。

また、**8月の安値は6月・7月の安値よりも下げている年が多く、**お盆休み明けに6月・7月の安値よりも下回っていれば、ETF1570を買ってもいいと思います。

たとえば、2021年は4月の終値（2万8812円）よりも、6月の安値（2万7795円）はマイナス3・5％下げており、7月の安値（2万7272円）はマイナス5・3％、そして8月の安値（2万6954円）はマイナス6・4％で、4月の終値よりも下げ、6月と7月の安値をも下回りました。

よって、日経平均が8月の安値を付けた20日にETF1570を終値（13820円）で約10万円分（7株）買い、9月の高値（17920円）で売れば、**1か月足らずで28700円の利益**を上げることができました。

当然、8月の安値が4月の終値や6月、7月の安値を下回らない年もありますが、このような場合は8月にETF1570を買うのは諦めればいいだけです。**このETF投資の特徴は「チャンスは何度でもやってくる」**ので、あなたが指値買い注文していた株

日経平均4月終値と比較した6月・7月・8月の安値（2000年〜2022年）

※は2000年以降に参議院選挙が行なわれた年

	2000年	※2001年	2002年	2003年	※2004年	2005年	2006年	※2007年
4月終値	17,973	13,934	11,492	7,831	11,761	11,008	16,906	17,400
6月安値	16,289	12,511	10,060	8,488	10,963	11,148	14,045	17,591
4月終値騰落率	−9.4%	−10.2%	−12.5%	8.4%	−6.8%	1.3%	−16.9%	1.1%
7月安値	15,394	11,531	9,547	9,078	11,018	11,540	14,437	17,042
4月終値騰落率	−14.3%	−17.2%	−16.9%	15.9%	−6.3%	4.8%	−14.6%	−2.1%
8月安値	15,557	10,684	9,439	9,224	10,545	11,614	15,154	15,262
4月終値騰落率	−13.4%	−23.3%	−17.9%	17.8%	−10.3%	5.5%	−10.4%	−12.3%

	2008年	2009年	※2010年	2011年	2012年	※2013年	2014年	2015年
4月終値	13,849	8,828	11,057	9,849	9,520	13,860	14,304	19,520
6月安値	13,453	9,491	9,347	9,318	8,238	12,415	14,777	19,990
4月終値騰落率	−2.9%	7.5%	−15.5%	−5.4%	−13.5%	−10.4%	3.3%	2.4%
7月安値	12,671	9,050	9,091	9,824	8,328	13,562	15,101	19,115
4月終値騰落率	−8.5%	2.5%	−17.8%	−0.3%	−12.5%	−2.2%	5.6%	−2.1%
8月安値	12,631	10,142	8,807	8,619	8,513	13,188	14,753	17,714
4月終値騰落率	−8.8%	14.9%	−20.3%	−12.5%	−10.6%	−4.8%	3.1%	−9.3%

	※2016年	2017年	2018年	※2019年	2020年	2021年	※2022年
4月終値	16,666	19,196	22,467	22,258	20,193	28,812	26,847
6月安値	14,864	19,686	22,038	20,289	21,529	27,795	25,520
4月終値騰落率	−10.8%	2.6%	−1.9%	−8.8%	6.6%	−3.5%	−4.9%
7月安値	15,106	19,856	21,462	20,993	21,710	27,272	25,841
4月終値騰落率	−9.4%	3.4%	−4.5%	−5.7%	7.5%	−5.3%	−3.7%
8月安値	15,921	19,280	21,851	20,110	21,919	26,954	27,530
4月終値騰落率	−4.5%	0.4%	−2.7%	−9.7%	8.5%	−6.4%	2.5%

4月の終値よりも3%、5%、10%下げた時にETF1570を買うなど、前もって決めておこう

価で買えなくてもガッカリする必要はありません。

さらに、3年に1回実施される「夏の参議院選挙」は2000年に入ってから、これまで8回ありました（表※）。選挙結果に関係なく7回も4月の終値よりも8月は下げており、10％以上大きく下げている年も目立ちます。

したがって、このデータを参考にしてETF1570を買うテクニックとしては、8月に日経平均が4月の終値よりも3％下げた時に少額で買い、次は5％、その次は10％下げた時など、いくつかの段階に分けて買えばいいでしょう。そうすれば、**あなたが前もって買いたい株価を決めておくことで、のんびりと相場を見ることができます。**

出来高や売買代金が低調なこの時期は、売りが出尽くしている可能性もあり、**ちょっとしたきっかけで急上昇する**こともあります。なので、6・7・8月は、ETF1357を買うよりも安値でETF1570を買う準備をすることをおすすめします。

9月もチャンス？

予想が外れた時は…

長いセルインメイ期間が終わり、9月の中旬以降は市場の株価上昇が期待できます。

その理由として、**9月は3月に次いで2番目に配当金や株主優待等を実施している企業が多い月**だからです。

また、3月期決算の企業の中には、9月に中間配当を実施しているところもあるため、月末の権利付き最終日前にかけて市場全体の株価は上昇する傾向があります。

そうしたことからも、3月のように9月も中旬以降で暴落が発生した日にETF1570を買えば、月末までに売って利益を上げることができると考えるのが一般的です。

ただし、**9月の日経平均は3月に比べると、前日よりも終値で300円以上値を下げる「暴落」の回数が半分以下と極端に少ない**ため、中旬以降の暴落時にETF1570を買うのは難しいかもしれません。（本章「3月はチャンス！」参照）

日経平均8月終値と9月権利付き最終日終値騰落率

年	8月終値	9月権利付き最終日	権利付き最終日終値	騰落率
2016年	16,887	27日	16,683	−1.2%
2017年	19,646	26日	20,330	+3.5%
2018年	22,865	25日	23,940	+4.7%
2019年	20,704	26日	22,048	+6.5%
2020年	23,139	28日	23,511	+1.6%
2021年	28,089	28日	30,183	+7.5%
2022年	28,091	28日	26,173	−6.8%

2021年と2022年は逆の動きをした

そこで私は、9月中旬以降の暴落を待つのではなく、8月の終値でETF1570を買えば、利益を上げやすいのではないかと考えて調べた結果が次の表です。

これは、過去7年における日経平均の8月終値と翌月9月の権利付き最終日終値の騰落率です。

2017年以降は5年連続で8月の終値よりも権利付き最終日は上昇していることから、8月の終値でETF1570を買えば9月末までには利益を上げることはできました。

しかし、2022年はマイナス6・8%の下落、8月末にETF1570を買っていれば損をしています。この下落原因は米国の8月消費者物価指数（CPI）の上昇率が市場予想を上回り、金融引き締めへの警戒感が強まったことによるものでした。よって、こういった話題が出てきた時は暴落を警戒してＥＴＦ１５７０を買うのは控えた方がいいでしょう。

つまり、経済に詳しくない私のような人が**理解のできない話題をよく耳にするようになった時は、何もせず相場を見る**のもひとつの方法です。

あえて私がアドバイスをさせていただくとすれば、**8月の終値でＥＴＦ1570を少額分買い、**しばらく様子を見ながら日経平均が暴落した時にナンピン買いをすればいいと思います。そして、権利付き最終日にかけて上昇した時に含み益状態なら欲張らずに全株売りましょう。

しかし、２０２２年のように権利付き最終日まで売らずに持ち続けた結果、大幅に下落して**含み損状態の時は、年末にかけての上昇を期待してさらにナンピン買いをしてもいい**のではないでしょうか。

実際、この年は11月中に日経平均は８月の終値を超える水準まで戻しているので利益を上げることはできています。

10・11・12月でしっかり稼ぐ！

年末の準備はお早めに

日経平均は10月下旬から12月にかけて上昇する傾向があります。これは、年末商戦に向けて景気拡大への期待が高まりやすいことなどが要因と言われおり、この経験則（アノマリー）から11月に株式を買う投資家が増えると予想できます。

しかし、私の場合、11月に入ってから買い始めては遅いと判断し、10月の安値でＥＴＦ１５７０を買い、**11月には売る準備**をします。

つまり、10月にＥＴＦ１５７０を安値で買うことができれば、あとは売るタイミングを待つだけ、そのためには10月の安値で買う方法を考えなければいけません。

さらに、10月は3月決算企業の中間決算発表が本格化する月で、**投資家が売買に対して慎重になり、相場は軟調に推移する傾向がある**とも言われています。決算内容によっては株価が乱高下するので注意しなければいけません。

そこで、私は9月の終値に注目してデータを分析、9月の終値よりも10月の安値が4％以上値を下げた時にＥＴＦ１５７０を買えば、11月に利益を上げることはできそうです。

しかし、**２０１４年や２０１８年のように10％以上も下げたケースでは安値の予測は困難**、２％～４％下落した時点でＥＴＦ１５７０を買っていれば大損失は免れません。

一方、**9月の終値と10月の安値がそれほど差のない年は11月に日経平均は大幅に上昇**しています。

２０１５年～２０１７年は10月の安値が9月の終値を下回ることなく、翌月の11月には10％以上も上昇、２０２０年と２０２２年は少し下げてから大幅に上昇しています。

したがって、10月の終値がこの範囲なら、ＥＴＦ１５７０を少し多めに買ってもよさそうです。

12月も11月に続き、年末商戦のピークを迎えることからも大幅な上昇は期待できますが、２０１８年や２０２２年のように11月よりも大幅に下落した年もあるので注意は必要、私は11月に利益を確定させたあとは、できるだけ売買は控え、保有株はゼロの状態

日経平均9月終値と10月安値、11月・12月終値の騰落率

年	2011年	2012年	2013年	2014年	2015年	2016年
9月終値	8,700	8,870	14,455	16,173	17,388	16,449
10月安値	8,343	8,488	13,748	14,529	17,389	16,554
9月終値騰落率	−4.10%	−4.31%	−4.89%	−10.17%	0.01%	0.64%
11月終値	8,434	9,446	15,661	17,459	19,747	18,308
10月安値騰落率	1.09%	11.29%	13.91%	20.17%	13.56%	10.60%
12月終値	8,455	10,395	16,291	17,450	19,033	19,114
10月安値騰落率	1.34%	22.47%	18.50%	20.10%	9.45%	15.46%

年	2017年	2018年	2019年	2020年	2021年	2022年
9月終値	20,356	24,120	21,755	23,185	29,452	25,937
10月安値	20,363	20,971	21,276	22,948	27,293	25,621
9月終値騰落率	0.03%	−13.06%	−2.20%	−1.02%	−7.33%	−1.22%
11月終値	22,724	22,351	22,293	26,433	27,821	27,968
10月安値騰落率	11.59%	6.58%	4.78%	15.19%	1.93%	9.16%
12月終値	22,764	20,014	23,656	27,444	28,791	26,094
10月安値騰落率	11.79%	−4.56%	11.19%	19.59%	5.49%	1.85%

9月の終値と10月の安値に差がなければ
11月は大幅な上昇が期待できる

にしてその年を終わらせます。
ただし、いつものように朝4時起床は厳守、朝活や相場のチェックは欠かさず、データ記録も怠りません。

1年のスケジュールおさらい

季節にはそれぞれ癖がある

1年後の日経平均を予想するのは難しいですが、それぞれの季節には「癖」があります。その癖を知っておくだけでも、これからETF投資を実践するためには必ず役立ちます。

では早速、**本章で解説した各月の癖を再確認しながら1年の売買スケジュールをおさらい**しましょう。

【1月】年内最後の営業日である「大納会」よりも日経平均は下がる可能性は高いので、

ETF1357を前年12月の終値で買えば利益を上げることができるかも。

また、年内最初の営業日「大発会」は「ご祝儀相場」で株価は上昇する傾向もあるので、大納会の株価よりも上昇した時にETF1357を買えばより多くの利益を上げられる⁉

【2月】「節分天井彼岸底」の相場格言が当てはまれば、2月上旬に日経平均は高値を付けるので、**ETF1357**を買い、翌月3月の彼岸までの底値で売れば利益を上げることができる。ただし、このアノマリーは信憑性がないとも言われている。

【3月】1年で最も稼ぐチャンス月。月末には配当や優待品がもらえる権利が確定する「権利付き最終日」が控えており、株価は上昇する傾向がある。よって、**ETF1570**を買い、権利付き最終日までの上昇時に売ることで利益を上げることができる。

一方、前日よりも300円以上値を下げる「暴落」が1年で1番多い月でもあるので注意は必要。暴落時にコツコツとETF1570を買う手法がおすすめ。

【4月】新年度のスタートで、投資を始める人が多くなることから日経平均の上昇も期待できる。ポイントは3月の権利付き最終日までに売ったETF1570の株価よりも安値で買うこと。

【5月】セルインメイのアノマリー通りに行けば、含み益状態のETF1570を売ったあとETF1357を買い、9月中旬までの日経平均下落時に売って利益を上げることもできる。※本章「4月と5月は売って買う?」記載データを確認。

【6月〜8月】夏枯れ相場で株価もさえない日が続く。したがって、日経平均の上昇を期待してETF1570を買うのではなく、セルインメイ期間でもあることから、日経平均が高値圏と判断すればETF1357を買い、下落時に売って利益を確定させ、日経平均が再び高値圏まで上昇すればETF1357をまた買って、日経平均の下落で利益を上げる方法を繰り返して利益を積み重ねる。

【9月】セルインメイ期間が明け、株価の上昇が期待できる。3月に続き、株主優待や中間配当を実施している企業もあるため、月末の権利付き最終日にかけての上昇が3

月ほどではないが期待できる。よって、**ETF1570**を買うことに集中。

【10月】月末から年末にかけて市場全体の株価は上昇する傾向。10月中旬以降の日経平均安値を狙い、**ETF1570**を買うことで、月末以降の株価上昇で利益を上げることが期待できる。くれぐれも、日経平均の安値圏でETF1357を買わないように。

【11月～12月】11月に**ETF1570**を売って利益を上げることができれば、その年の投資は終了とする。

12月に入ってからもセカセカと売買をしているようでは「ゆる投資」には向いていないかも。年末の大掃除や家族サービス、友人との交流を優先しましょう。ただし、データ記録とチャートの確認は毎日すること。年明けの株価予測も忘れずに。

こうして1年の大まかな流れを掴んでおくことでETF投資のイメージができます。

そして、この**ETF投資の最大の特徴は「チャンスは何度でもやってくる」**ので気持ちに余裕ができます。

個別銘柄は買うタイミングを逃して後悔することもありますが、本書でのETF投資は日経平均の上下で稼ぐスタイルなので、たとえ、ＥＴＦ１５７０を買うタイミングを逃したとしても、次はＥＴＦ１３５７を買う準備をすればいいので気持ちを切り替えることができます。（逆も然り）

ただし、この年間スケジュールは、あくまでも私個人の独断と偏見によるもの、あなたがこれからＥＴＦ投資をするようになれば、それぞれの月の癖を見抜き、独自のスケジュールを作っておくことでスムーズなＥＴＦ投資ができるでしょう。

第7章

私のETF投資マル秘テクニック

とりあえず数を数えよう

小学生でもできる簡単テクニック

これまでチャートを見ることはとても重要だと言い続けてきました。しかし、それでも敬遠されるのがこのチャート、私はこの年齢になってようやく見るのが当たり前の生活になりました。

日経平均とETFの日足チャートは毎日5分〜10分、週足チャートは3日に1回、月足チャートは週に1回程度ですが必ず見ています。

とはいえ、これから投資を始めるあなたや初心者のあなたにはチャートの見方が今ひとつ、よくわからないのは当然で、私のように抵抗なく習慣化するにはもう少し時間がかかるでしょう。

しかし、安心してください。

いつものように気分転換で大阪城公園を歩いている時に、いい方法が閃いたので紹介します。

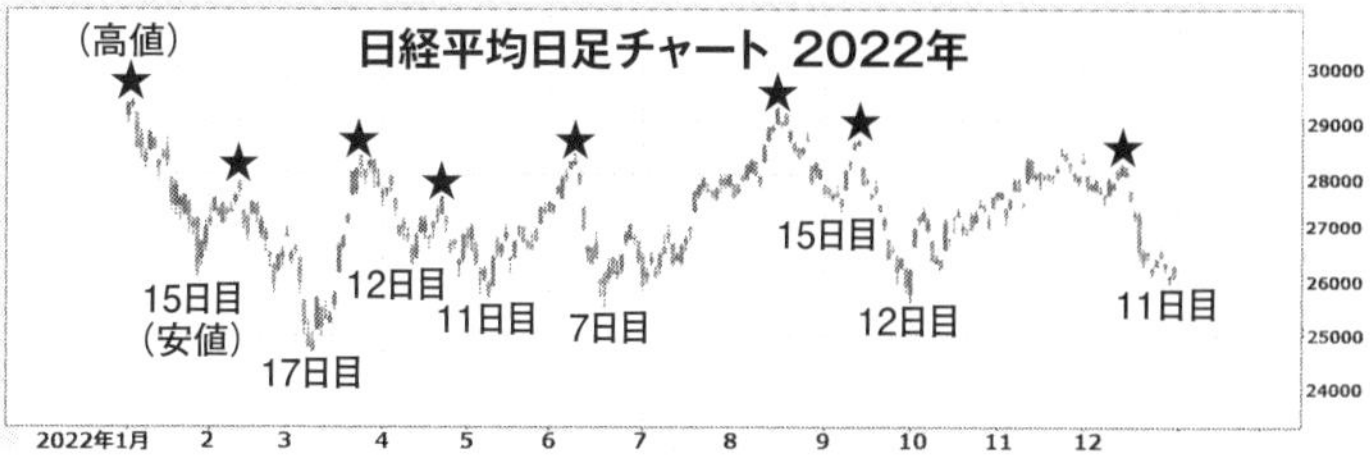

それは**「ローソク足の数を数える」**テクニックです。

ローソク足は株価の動きを表し、ローソク足の形を見て株価が予測できるのでとても重要かつ便利です。（第3章）

しかし、**ここではローソク足の形は無視、ただ数を数えるだけ**です。

これなら**小学生でも簡単にできるテクニック**、すべてとは言いませんが、確認すると利益を上げられるケースはたくさんありました。

では、その売買テクニックを紹介しましょう。

これは2022年の日経平均日足チャートです。

ご覧のようにチャートは大小の波を繰り返しながらトレンドが形成されます。

そこで私が注目したのは**「波の上値からの日数」**です。

波の上値（★）が決定すれば、それを基準にローソク足の数を数えます。

たとえば、**★の翌日を1日目として、11日目の終値でETF1570を買います。そして、次にやってくる波の上値で売る行為を繰り返します。**

2022年は合計8個の★を付け、全部の★で利益を上げることができていました。

2022年1月5日に波の上値が決定して、この年1個目の★が付きました。そして、★の翌日から11日目の1月21日にETF1570を終値（14255円）で約10万円分（7株）買ったとしましょう。

しかし、残念なことに★後の安値は15日目の1月27日、その日のETF1570の終値（12850円）との差はマイナス1405円なので、10000円近くの含み損を抱えている状態です。この時点ではさらに下がる可能性もあるので、不安な人は損切りをしたでしょう。

ただし、私のように毎日チャートを見ていると、いずれはどこかで反発すると予想できるので、損切りはせずに保有します。

その結果、2個目の★を付けた2月10日の終値（14400円）で、1月21日に買ったETF1570（14255円）を売れば1015円だけですが、損することなく利益を上げることはできました。

2個目の★では17日目の3月9日に安値を付けたので、11日目の3月1日にETF1570を終値（13470円）で約10万円分（7株）買っていた場合、15000円近くの含み損を抱えます。

そして、いずれ株価が反発するのを待てずに損切りすると、1月27日と合わせて25000円近くの損をすることになります。

当時、私もこれほど下がるとは予想していませんでしたが、いつものように反発を待ち、3個目の★が決定する前に4000円くらいの含み益が出たところで欲張らずに売れば、約4か月間で合計5000円ほどですが利益を上げることができました。

つまり、このテクニックを知らない人は約25000円の損失、知っている人は損するどころか5000円も儲かったのです。

4個目の★を付けた時はドンピシャで11日目の5月12日が安値でした。その日、ETF1570を終値（12505円）で約10万円分（8株）買い、★5個目を付けた

6月9日の終値（14985円）で売れば、1か月足らずでなんと、約20000円の利益です。

私の経験を基に今回は11日目で解説しましたが、10日目や12日目で稼げるケースも当然あるので、その時の状況次第で買う日を変えてみたり、約10万円分のETF1570を1日で買うのではなく、2回に分けて買うなどの工夫をすることで、あなたオリジナルのテクニックが生まれるでしょう。

ただし、ひとつだけ条件があり、**波の上値（★）を11日目の株価が超えている場合や、その付近をウロウロしている時にETF1570を買うのはやめます**。なぜなら、明らかに★よりも安値で買わないと十分な効果は得られないからです。

前述したように、**私の場合は11日目を目安とし、その時点である程度株価が★から下がっていれば、ETF1570を様子見で買い**、12日目に前日の安値よりも大きく下げた時はナンピン買いをすることもあります。

毎回成功するとは限りませんが、このテクニックは数を数えるだけなので、初心者はもちろんのこと、**小学生でも簡単にできる**のでおすすめです。

はじめは実際の売買はせずに、シミュレーションで利益が出ていれば、いよいよ本番、自然とチャートを見るのが当たり前の生活となり、ローソク足を数えるのが楽しくなるはずです。

安心・安全50％
眠れない夜に「さようなら」

第4章では投資のルールは、あなたご自身で決めて、自分だけのルールを作りましょうと言いました。しかし、これから投資を始めようとしている人や投資歴の浅い初心者にはどんなルールを作ればいいのかさえわかりません。

今ではこうして偉そうなことを言っている私ですが、ここ数年前にようやく、自分だけのルールができあがったくらい、ルールを作るのは本当に難しいです。

なぜなら**「ルールを作っても守れない」**からです。

現在、投資をすでにされている人には心当たりがあると思いますが、欲しい銘柄の株価が暴落した時、今が絶好の買い時だと勝手に思い込み、口座にある資金で一気に買った翌日、さらに暴落したなんてことはありませんでしたか？

ルールを確立する前の私もそのうちの一人**「日経平均は今が底やで」**と根拠のない自信で自分を説得し、一気にＥＴＦ１５７０を買ったことがあります。

運よく、コンビニで働いた1か月分のアルバイト代くらいを稼いだことはありましたが、買った翌日に日経平均が暴落し、１か月分のアルバイト代相当の損失を抱え、数日後に渋々、損切りした経験もあります。

しかし、それでもまた同じ過ちを繰り返したのが過去の私、失敗した時は反省するのですが「今回は絶対底やで」と、また懲りずにもう一人の自分を説得し、挽回しようと全額つぎ込んでいたので、翌日の相場が気になり、眠れない夜を過ごしたこともあります。

そんな苦い過去の経験を踏まえ、私が実践している**誰でも簡単に守れるルール**を紹介しましょう。

これから投資を始める人は、特にこのルールを守ることでリスクの低い投資ができるようになるので必ず実行してください。

本書の**ETF投資は少額からできるのが最大の特徴**です。よって、はじめは5万円〜10万円で売買を繰り返し、実践で実力をつけることをおすすめしてきました。その結果、コツコツと稼げるようになってくれば、将来は投資額を増やし、数百万円の売買をすることになるでしょう。

そこで、わかりやすいように、ここでは元手100万円で解説、現在、投資資金があまりない人も将来は100万円以上の元手でETF投資ができるように、このルールはしっかりと覚えておきましょう。

では、遅くなりましたが結論から言いますと、元手の50%、つまり、**投資額は50万円以内に抑え、残り50万円は使わずに証券会社の口座に残しておきます**。したがって、50万円でETFを数回(5回〜10回)に分けて買ったあとは利益が出るまで持ち続けます。

とはいえ、必ず利益を上げられるとは限らないので、株価が下がり「含み損」が増えれば「損切り」をすることも検討しなければいけません。しかし、私は損切りせずに、約50万円分で買ったＥＴＦの平均取得価額よりも大きく下げたところで、**使わずに残していた約50万円でナンピン買い**をします。

もちろん、ここでも一気に買わずにコツコツ投資、絶対に損はしない保証はできませんが、本書で解説している指標やテクニックで負けにくい投資はできるでしょう。

この「元手50％ルール」、ＷＥＢマガジンでは耳にタコができるほど口酸っぱく言ってきたので浸透していますが、本書を通じ、今回初めて知ったあなたには絶対に守っていただきたいルールです。

メガ暴落は大チャンス！
1年に1回あるかないかは「知らんけど」

メガ（mega）には色んな意味がありますが、本書では、日経平均が前日よりも

1000円以上暴落した場合「メガ暴落」と表現しています。

そんなメガ暴落には**「終値ベース」**と**「ザラ場ベース」**の2種類あり、終値ベースは、その日の**終値で日経平均が前日よりも1000円以上値を下げた時**、ザラ場ベースは、**寄り付きと引けの間の取引時間（ザラ場）に一時的でも前日より1000円以上値を下げた時**のことを指します。

まずは、2018年以降に発生した「終値ベース」と「ザラ場ベース」のメガ暴落をご覧ください。

「終値ベースのメガ暴落」は、2018年と2020年は2回、2021年の1回を最後に2023年の3月末時点ではまだ発生していません。

「ザラ場ベースのメガ暴落」は、2018年に2回、2020年はコロナショックによるもので5回もメガ暴落がザラ場に発生しました。そして、2021年6月21日を最後に1回も発生していません。

2018年以降メガ暴落が発生した日（終値ベース）

年月日	日経平均終値	前日比	下落率	ETF1570終値	メガ暴落発生後80日以内の高値		購入株数(20万円分)	利益	上昇率
2018年2月6日	21,610	−1.072	−4.7%	18,600	69日後	21,240	10	26,400	+14.2%
2018年12月25日	19,155	−1.011	−5.0%	14,480	79日後	19,940	13	70,980	+37.7%
2020年3月9日	19,698	−1.051	−5.1%	15,210	61日後	20,640	13	70,590	+35.7%
2020年3月13日	17,431	−1.128	−6.1%	11,880	57日後	20,640	16	140,160	+73.7%
2021年2月26日	28,966	−1.202	−4.0%	32,050	14日後	35,350	6	19,800	+10.3%

メガ暴落の日はETF1570を買おう!

2018年以降メガ暴落が発生した日（ザラ場ベース）

年月日	日経平均ザラ場安値	前日比	下落率	ETF1570終値	メガ暴落発生後80日以内の高値		購入株数(20万円分)	利益	上昇率
2018年3月23日	20,559	−1.032	−4.8%	16,750	38日後	21,240	11	49,390	+26.8%
2018年10月11日	22,459	−1.047	−4.5%	20,560	4日後	21,160	9	5,400	+2.9%
2020年2月25日	22,335	−1.051	−4.5%	20,400	70日後	20,640	9	2,160	+1.2%
2020年2月28日	20,916	−1.032	−4.7%	17,630	67日後	20,640	11	33,110	+17.1%
2020年3月12日	18,339	−1.077	−5.5%	13,490	58日後	20,640	14	100,100	+53.0%
2020年3月26日	18,512	−1.034	−5.3%	13,450	49日後	20,640	14	100,660	+53.5%
2020年4月1日	17,871	−1.046	−5.5%	12,680	45日後	20,640	15	119,400	+62.8%
2021年6月21日	27,795	−1.169	−4.0%	14,870	58日後	17,920	13	39,650	+20.5%

一般的なメガ暴落でも必ず儲かる!

つまり、このデータからもわかるように、**メガ暴落は1年に1回あるかないかの珍しい現象**、発生した日の夜はニュースでも大々的に取り上げられます。すると、株式を持っている個人投資家は不安になり、保有している株式を翌日に売るために「成行売り注文」をします。このような個人投資家の売りが売りを誘い、翌日の株価も暴落することはよくあります。

しかし、私はメガ暴落発生時にＥＴＦ１５７０を保有していても売りません。なぜなら、**株価はいずれ元に戻ることを知っている**からです。むしろ、このメガ暴落でナンピン買いをします。

また、ＥＴＦを保有していない場合は、このような稀なケースは滅多にないので、**本来はコツコツ投資を推奨していますがルールを破り、元手の50％分で一気に買う**こともあります。

そして、翌日以降、日経平均がこの日の安値を大幅に更新すればナンピン買いをします。このデータでは、遅くても4か月（80日）以内には確実に10％以上の利益を上げることができるので安心、それまでに利益が出れば欲張らず、数回に分けて売るのもひとつの方法です。

一方、ETF1357を保有していれば、このメガ暴落で売って利益を確定させ、翌日以降、日経平均が大幅に下がった時にETF1570を買えばいいでしょう。

つまり、**メガ暴落が発生した時は大チャンス**、ETF1570を買えば、ほぼ100%の確率で利益を上げることができそうです。

日銀さんありがとう
ETFを買ってくれる強い味方

日銀《にちぎん》とは日本銀行《にっぽんぎんこう》の略称で、日本経済の中核となる中央銀行として、さまざまな役割を果たしています。

第一に、日銀は**「紙幣（お札）を発行」**しています。

第二に**「政府の銀行」**として政府が国民から集めた税金や国債のお金を預かり、公共事業に使うお金や公務員の給料に回しています。

第三に**「銀行の銀行」**、つまり、私たちの身近にある銀行から預金を預かり、そのお金を貸す3つの役割があります。

そして、一番大事なのは**「景気を調節する役割」**です。どのように調節するのかはよくわかりませんが「物価を安定させる」つまり、お金の価値が急激に変化しないように一生懸命働かれているらしいのです。

そんな、私たちの暮らしに必要とされる日銀には興味のない私でしたが、ETF投資を始めるようになってからは無視できなくなりました。その理由として、**日銀は大量のETFを買ってくれる**からです。

日銀のETF買い入れ制度は、金融緩和政策のひとつとして2010年12月年からスタートしました。当初はTOPIXと日経225に連動するETFを購入しており、私がETF投資を本格的に始めた2017年頃、日経平均が前場に大幅な下落があった時は後場に日銀のETF買い入れがあると予想して、前場の終値でETF1570を買い、後場の上昇で売って稼いでいました。

この政策は現在も継続して実施されており、私たち国民のお金を湯水の如く、チロルチョコレートを買う感覚でこれまでに約12兆円のETFを買っています。しかし、**2021年3月には買い入れ方針を変更、ETFの購入対象をTOPIX連動型のみに限定**しました。

日銀がTOPIX連動型のETFを買うタイミングは公表されていませんが、**一般的に言われているのは、TOPIXが前場の終了時点で下落率マイナス2%以下の場合、日銀は後場からETFの買い入れを行う**というものです。

日経平均連動型のETFを売買している私にとっては現在の日銀によるETF買い入れ制度は以前ほど関心ありませんが、TOPIXに追随して日経平均は上昇する傾向もあるので、相場を観察しながらETF1570を買い、少しでも利益が出れば売るデイトレードの真似事をするケースもあります。

しかし、これは時間に余裕がないとできない手法、しかも、損することもあるので初心者にはおすすめしていません。

ちなみに、その手法はＴＯＰＩＸが前場の終了時点で下落率マイナス２％以下になれば、後場の日経平均の動きをイメージします。そして、後場に上昇すると予想して、11時30分〜12時30分の昼休みに大量の買い注文を入れている外国人投資家や機関投資家により、後場の寄り付きからＴＯＰＩＸ、日経平均ともに大幅に上昇することがあります。

しかし、その後、**利益を確定させるための売りや空売りの圧力が次第に強まり、日経平均が前場の終値よりも下げることもよくあります。まさに、その時が狙い目で、この瞬間にＥＴＦ１５７０を買い**、大引けにかけて上昇すれば利益を確定させ、コンビニで１週間働いたアルバイト代相当を稼いだことは何度かありました。（数万円ですが）

ただし、予想が外れ、15時終了間際で利益が出ていない場合は負けを認めて損切り、コンビニで２、３日働いた給料分くらいを失ったこともあるので、今は自信のある時以外は参加せず、分足チャートの画面を開いて相場を観察しています。

この終わりの見えない日銀のＥＴＦ買い入れ制度が、いつまで続くのかコンビニ店員の私にはわかりませんが、ＴＯＰＩＸが大きく下げた時は第４章で紹介した**「世界の株価と日経平均先物」のサイトで「日銀ＥＴＦ買入」**で確認し､その日､日銀がＥＴＦを買っていれば、その時の日経平均の動きはどうだったのかを確認することで、今後のＥＴＦ

投資に活かせるでしょう。

20万円が5か月後26万円超に

「儲かりまっか?」「ボチボチでんな」

私の初版本**「ポケットマネーではじめる月1500円のETF投資」**の1ページ目にはETF投資で利益を上げる手法を紹介しています。

あれから4年、今でもこの手法を基本としながらETF投資をしていますが、私は**「投資に完璧な手法はない」**と思っているので、現状に満足せずコンビニ店員を続けながら色々と考えてきました。

そして、新たにリスクが低く、より確実に利益を上げるために改良した手法をデータにしてまとめることができたので、出版記念として特別に本書の最後に掲載しています。

ではその手法を用いて、実際の株価と騰落レシオだけでETF投資をした結果、元手20万円が5か月後26万円超になった売買を振り返りましょう。

2022年7月21日に騰落レシオが買われすぎ状態の120％以上（132％）になりました。

よって、**私の投資スタイルは逆張りを基本**としているので、市場の株式が買われすぎとサインが出た以上、順張りでETF1570を買うのではなく、ETF1357を逆張りで買う準備をします。

まず、**日経平均が前日よりも終値で200円以上値を上げた日にETF1357を約5万円分買い**ます。そして、翌日以降も同じ条件で計4回買います。

すると、騰落レシオは少しずつ下がりはじめ、日経平均もそれに合わせるように下がってきました。

当然、日経平均が下がれば反対の動きをするETF1357の株価は上がります。あとは、**あなたの好きなタイミングで売ればいいだけ**、欲張らずに9月7日に売れば、**約17000円の利益**を上げることができました。

そして次は、**騰落レシオが売られすぎ状態の80％以下になるのを待ち**、2022年9

月26日に80％以下（80％）となりました。

今度は「そろそろＥＴＦ１５７０買う準備すればええんとちゃいまっか？」と、ご丁寧に声をかけてくれたので、言われた通りにＥＴＦ１５７０を買う準備を始めます。ここでもできるだけ安値で買いたいので、日経平均が前日よりも終値で２００円以上値を下げた日に限定してＥＴＦ１５７０を約5万円分、逆張りで買い続けます。

約20万円分買った後は「ほったらかし」、日経平均が上昇するのを待ち、利益が出たところで売ればいいだけです。その後、日経平均は上昇したため、11月1日の終値で全株売れば、また、**１７０００円近くの利益**を上げることができました。

11月22日には再び騰落レシオは１２０％（１２４％）以上になり、その後、日経平均が前日よりも終値で２００円以上値を上げた日にＥＴＦ１３５７を約5万円分買い、**12月23日の終値（３８９円）で全株売れば3万円近くの利益**、ちょっと贅沢なクリスマスディナー代を稼ぐことができました。

元手20万円がこんな簡単な売買で約5か月後、26万円超になるなんて、正直、想像していなかったのではないでしょうか？

ただし、これは2022年の7月に本書が発売されていれば儲かっていた話「いまさら過去の儲け話を自慢されても」と思われた人もいるでしょうが、この手法は現在も継続中、利益は少しずつですが増えています。

したがって、**日経平均連動型のETFがなくならない限り永久に使える超簡単なテクニック**と言えるでしょう。

しかし、**相場をリアルタイムで見ることができない人**は終値でETFを買うことはできません。

そこで登場するのが**「うしろ式計算」**（第2章）です。

騰落レシオが買われすぎ状態、もしくは売られすぎ状態になった翌営業日以降、**日経平均が200円上下した場合のETF1357とETF1570それぞれの株価を算出し、指値買い注文をすればいい**のです。

ただ問題なのは、日経平均が200円上下した場合を想定して指値買い注文をし、約定したあと、さらに日経平均の株価が大きく上下すれば含み損を抱えた状態でその日が終了します。

過去には、前場に200円下げ、後場にメガ暴落が発生したこともあるので、相場が不安定な時は**200円ではなく、300円や400円の下落を想定してETF1570を指値買い注文することでリスクの低い投資ができます**。

いずれにしても、この手法でETFを売買すれば、かなり高い確率で利益を上げることができるので初心者はこれだけの手法で少額から始めてもいいのではないでしょうか。

そして数か月後、あなたがETF投資を始めたことを知っている人たちが「**儲かりまっか?」と聞いてきた時「ボチボチでんな」**と答えている会話が交わされることを願いながら、**ETF投資・第3弾**の執筆を終わらせていただきます。

最後まで読んでいただきありがとうございました。

また、お会いできる日を楽しみにしています。

「ほな、さいなら」

	ETF1357		売買株価	株数	金額	損益	ETF1570		売買株価	株数	金額	損益

騰落レシオだけを参考にした売買で、20万円が5か月後26万円超に!

日付	騰落レシオ	日経平均	前日比	ETF1357	前日比	ETF1570	前日比
2022.7.1	95	25,935	−458	428	14	12,605	−435
2022.7.4	95	26,153	218	419	−9	12,810	205
2022.7.5	99	26,423	270	411	−8	13,065	255
2022.7.6	90	26,107	−316	421	10	12,770	−295
2022.7.7	97	26,490	383	408	−13	13,135	365
2022.7.8	96	26,517	27	406	−2	13,235	100
2022.7.11	101	26,812	295	399	−7	13,435	200
2022.7.12	93	26,336	−476	414	15	12,975	−460
2022.7.13	91	26,478	142	408	−6	13,115	140
2022.7.14	94	26,643	165	403	−5	13,295	180
2022.7.15	98	26,788	145	399	−4	13,445	150
2022.7.19	106	26,961	173	393	−6	13,595	150
2022.7.20	119	27,680	719	372	−21	14,330	735
2022.7.21	132	27,803	123	370	−2	14,440	110
2022.7.22	130	27,914	111	366	−4	14,565	125
2022.7.25	134	27,699	−215	373	7	14,335	−230
2022.7.26	143	27,655	−44	373	0	14,290	−45
2022.7.27	131	27,715	60	371	−2	14,365	75
2022.7.28	137	27,815	100	369	−2	14,460	95
2022.7.29	130	27,801	−14	369	0	14,430	−30
2022.8.1	131	27,993	192	365	−4	14,635	205
2022.8.2	119	27,594	−399	375	10	14,220	−415
2022.8.3	110	27,741	147	371	−4	14,375	155
2022.8.4	113	27,932	191	366	−5	14,570	195

	ETF1357		売買株価	株数	金額	損益	ETF1570		売買株価	株数	金額	損益
	買		358	139	49,762							
	買		349	143	49,907							
	買		340	147	49,980							
	買		332	150	49,800							
	平均取得価額		345	579	199,449							
		売	374	579		16,791						

日付	騰落レシオ	日経平均	前日比	ETF1357	前日比	ETF1570	前日比
2022.8.5	122	28,175	243	358	−8	14,825	255
2022.8.8	129	28,249	74	357	−1	14,915	90
2022.8.9	119	27,999	−250	364	7	14,645	−270
2022.8.10	117	27,819	−180	367	3	14,460	−185
2022.8.12	130	28,546	727	349	−18	15,190	730
2022.8.15	124	28,871	325	340	−9	15,560	370
2022.8.16	123	28,868	−3	341	1	15,555	−5
2022.8.17	121	29,222	354	332	−9	15,930	375
2022.8.18	125	28,942	−280	339	7	15,620	−310
2022.8.19	123	28,930	−12	339	0	15,615	−5
2022.8.22	120	28,794	−136	342	3	15,445	−170
2022.8.23	117	28,452	−342	350	8	15,100	−345
2022.8.24	116	28,313	−139	353	3	14,980	−120
2022.8.25	111	28,479	166	349	−4	15,155	175
2022.8.26	107	28,641	162	345	−4	15,290	135
2022.8.29	98	27,878	−763	364	19	14,495	−795
2022.8.30	106	28,195	317	355	−9	14,845	350
2022.8.31	102	28,091	−104	359	4	14,715	−130
2022.9.1	97	27,661	−430	369	10	14,265	−450
2022.9.2	92	27,650	−11	370	1	14,245	−20
2022.9.5	94	27,619	−31	369	−1	14,220	−25
2022.9.6	89	27,626	7	370	1	14,215	−5
2022.9.7	91	27,430	−196	374	4	14,045	−170
2022.9.8	100	28,065	635	357	−17	14,685	640
2022.9.9	102	28,214	149	353	−4	14,865	180
2022.9.12	101	28,542	328	346	−7	15,170	305

	ETF1357		売買株価	株数	金額	損益	ETF1570		売買株価	株数	金額	損益
							買		12,690	3	38,070	
							買		12,660	3	37,980	
							買		13,135	3	39,405	
							買		13,485	3	40,455	
							平均取得価額		12,993	12	155,910	

日付	騰落レシオ	日経平均	前日比	ETF1357	前日比	ETF1570	前日比	
2022.9.13	102	28,614	72	344	−2	15,280	110	
2022.9.14	98	27,818	−796	362	18	14,425	−855	
2022.9.15	99	27,875	57	361	−1	14,480	55	
2022.9.16	90	27,567	−308	369	8	14,150	−330	
2022.9.20	93	27,688	121	365	−4	14,290	140	
2022.9.21	89	27,313	−375	376	11	13,885	−405	
2022.9.22	83	27,153	−160	380	4	13,730	−155	
2022.9.26	80	26,431	−722	400	20	12,975	−755	
2022.9.27	80	26,571	140	396	−4	13,125	150	
2022.9.28	80	26,173	−398	410	14	12,690	−435	
2022.9.29	86	26,422	249	393	−17	13,210	520	
2022.9.30	80	25,937	−485	410	17	12,660	−550	
2022.10.3	78	26,215	278	400	−10	12,955	295	
2022.10.4	84	26,992	777	375	−25	13,720	765	
2022.10.5	90	27,120	128	372	−3	13,855	135	
2022.10.6	89	27,311	191	366	−6	14,080	225	
2022.10.7	88	27,116	−195	373	7	13,845	−235	
2022.10.11	88	26,401	−715	391	18	13,135	−710	
2022.10.12	89	26,396	−5	392	1	13,115	−20	
2022.10.13	86	26,237	−159	397	5	12,965	−150	
2022.10.14	93	27,090	853	370	−27	13,820	855	
2022.10.17	93	26,775	−315	380	10	13,485	−335	
2022.10.18	92	27,156	381	368	−12	13,885	400	
2022.10.19	91	27,257	101	365	−3	13,970	85	
2022.10.20	85	27,006	−251	372	7	13,720	−250	
2022.10.21	80	26,890	−116	376	4	13,580	−140	

	ETF1357		売買株価	株数	金額	損益	ETF1570		売買株価	株数	金額	損益
								売	14,375	12		16,584
	買		335	149	49,915							

日付	騰落レシオ	日経平均	前日比	ETF1357	前日比	ETF1570	前日比	
2022.10.24	86	26,974	84	373	−3	13,690	110	
2022.10.25	89	27,250	276	367	−6	13,925	235	
2022.10.26	95	27,431	181	360	−7	14,140	215	
2022.10.27	88	27,345	−86	364	4	14,035	−105	
2022.10.28	90	27,105	−240	369	5	13,810	−225	
2022.10.31	97	27,587	482	356	−13	14,275	465	
2022.11.1	104	27,678	91	353	−3	14,375	100	
2022.11.2	101	27,663	−15	353	0	14,380	5	
2022.11.4	97	27,199	−464	366	13	13,880	−500	
2022.11.7	98	27,527	328	358	−8	14,215	335	
2022.11.8	109	27,872	345	349	−9	14,570	355	
2022.11.9	109	27,716	−156	351	2	14,420	−150	
2022.11.10	98	27,446	−270	359	8	14,140	−280	
2022.11.11	102	28,263	817	338	−21	14,960	820	
2022.11.14	94	27,963	−300	345	7	14,675	−285	
2022.11.15	99	27,990	27	343	−2	14,685	10	
2022.11.16	106	28,028	38	343	0	14,730	45	
2022.11.17	111	27,930	−98	344	1	14,635	−95	
2022.11.18	118	27,899	−31	346	2	14,590	−45	
2022.11.21	112	27,944	45	346	0	14,620	30	
2022.11.22	124	28,115	171	341	−5	14,825	205	
2022.11.24	123	28,383	268	335	−6	15,085	260	
2022.11.25	122	28,283	−100	336	1	14,990	−95	
2022.11.28	122	28,162	−121	339	3	14,850	−140	
2022.11.29	124	28,027	−135	342	3	14,730	−120	
2022.11.30	119	27,968	−59	343	1	14,665	−65	

	ETF1357		売買株価	株数	金額	損益	ETF1570		売買株価	株数	金額	損益
	買		337	148	49,876							
	買		345	144	49,680							
	買		338	147	49,686							
	平均取得価額		339	588	199,157							
		売	389	588		29,400						

日付	騰落レシオ	日経平均	前日比	ETF1357	前日比	ETF1570	前日比
2022.12.1	111	28,226	258	337	−6	14,940	275
2022.12.2	101	27,777	−449	349	12	14,440	−500
2022.12.5	102	27,820	43	347	−2	14,495	55
2022.12.6	103	27,885	65	346	−1	14,575	80
2022.12.7	100	27,686	−199	350	4	14,365	−210
2022.12.8	98	27,574	−112	353	3	14,235	−130
2022.12.9	104	27,901	327	345	−8	14,585	350
2022.12.12	108	27,842	−59	346	1	14,510	−75
2022.12.13	106	27,954	112	343	−3	14,640	130
2022.12.14	105	28,156	202	338	−5	14,850	210
2022.12.15	105	28,051	−105	341	3	14,705	−145
2022.12.16	102	27,527	−524	354	13	14,180	−525
2022.12.19	97	27,237	−290	362	8	13,885	−295
2022.12.20	94	26,568	−669	378	16	13,205	−680
2022.12.21	88	26,387	−181	384	6	13,010	−195
2022.12.22	92	26,507	120	380	−4	13,110	100
2022.12.23	87	26,235	−272	389	9	12,860	−250
2022.12.26	87	26,405	170	383	−6	13,020	160
2022.12.27	88	26,447	42	382	−1	13,065	45
2022.12.28	83	26,340	−107	385	3	12,930	−135
2022.12.29	78	26,093	−247	391	6	12,720	−210
2022.12.30	78	26,094	1	391	0	12,750	30

前畑うしろ（まえはた・うしろ）

元信用組合職員で、現コンビニのアルバイトが、たったの2 種類のETF 投資（日経225 オプションではない）を武器に稼いでいる。銀行マン時代の“プロの眼”とコンビニ店員の“アマチュアの眼”、欲張りは最大の敵をモットーに売買している。一騎駆けのような気ぜわしい投資よりもじっくりゆっくり増やしていく方法を得意としている。
著書に『ポケットマネーではじめる月1500円のETF投資』『スマホさくさくポイント投資、少額投資』（小社刊）がある。

Twitter : https://twitter.com/maehata_ushiro
blog : https://ameblo.jp/maehataushiro

ＥＴＦで始《はじ》める、かんたんゆる投資《とうし》

2023 年6 月15日　　初版発行

著　者　前　畑　う　し　ろ
発行者　和　田　智　明
発行所　株式会社　ぱる出版

〒160-0011　東京都新宿区若葉1-9-16
03(3353)2835—代表　03(3353)2826—FAX
03(3353)3679—編集
振替　東京　00100-3-131586
印刷・製本　中央精版印刷(株)

ISBN978-4-8272-1381-2　C0033